PARTICIPATION ET VISION DE DIEU CHEZ NICOLAS DE CUES

DANS LA MÊME COLLECTION

Après la métaphysique : Augustin ? Actes du colloque inaugural de l'Institut d'Études Médiévales de l'Institut Catholique de Paris, 25 juin 2010, édités par Alain de LIBERA, avec la participation de O. BOULNOIS, V. CARRAUD, E. FALQUE, A. de LIBERA, J.-L. MARION, J.-L. NANCY et Ch. SOMMER, 2013, 176 pages.

Philosophie et Théologie chez Jean Scot Érigène, édité par Isabelle MOULIN, avec la participation de O. BOULNOIS, A. de LIBERA, S. GERSH, J. MARENBON, I. MOULIN, D. MORAN, W. OTTEN, 2016, 216 p.

PUBLICATIONS DE L'INSTITUT D'ÉTUDES MÉDIÉVALES
DE L'INSTITUT CATHOLIQUE DE PARIS

Directeur : Olivier BOULNOIS

PARTICIPATION ET VISION DE DIEU CHEZ NICOLAS DE CUES

édité par
Isabelle MOULIN

Ouvrage publié avec le concours du
Vice-Rectorat à la Recherche de l'Institut Catholique de Paris

PARIS
LIBRAIRIE PHILOSOPHIQUE J. VRIN
6, place de la Sorbonne, V[e]

2017

Imprimé en France

ISSN 2267-1994
ISBN 978-2-7116-2719-5

www.vrin.fr

REMERCIEMENTS

Cet ouvrage rassemble les contributions qui ont été présentées lors d'une journée d'étude dans le cadre de l'Institut d'Études Médiévales de l'Institut Catholique de Paris au cours de l'année 2012. Nous remercions le Vice-Rectorat à la Recherche de l'Institut Catholique de Paris et le Vice-Recteur Olivier Artus pour son soutien ainsi que le directeur de l'Institut, M. Olivier Boulnois, pour l'accueil de cet ouvrage dans la collection qu'il dirige. Nous souhaitons également remercier la Mairie de Paris qui a fourni les fonds nécessaires pour la tenue de la journée d'étude.

Pour l'édition de cet ouvrage, nous avons bénéficié du travail minutieux de relecture et de correction d'Anne de Saxcé, normalienne et agrégée de philosophie. Nous lui exprimons notre plus vive reconnaissance.

TABLE DES ABRÉVIATIONS

AUGUSTIN

Conf. *Confessions*

BONAVENTURE

Brev. *Breviloquium.*

It. *Itinerarium mentis in Deum.*

In. Sent. *Commentarii in quatuor libros Sententiarum Petri Lombardi.*

JEAN SCOT ÉRIGÈNE

Peri. *Periphyseōn.*

Iohannis Scotti seu Eriugenae Periphyseon, ed. Edouard A. Jeauneau, *CCCM*, vol. 161-165, Turnhout, Brepols, 1996-2003.

Jean Scot Erigène. *De la division de la Nature. Periphyseōn*, introduction, trad. fr. et notes par Francis Bertin, « Epiméthée », Paris, P.U.F., 5 vol., 1995-2009.

NICOLAS DE CUES

Édition de référence :

HDG *Nicolai de Cusa Opera Omnia*, Iussu et auctoritate Academia Litterarum Heidelbergensis ad codicum fidem edita. Leipzig-Hambourg, Meiner Verlag,

1932-2008. Toutes les citations sont d'abord données selon l'édition d'Heidelberg. La pagination de la traduction française ou anglaise est indiquée lorsque la citation enfait directement usage.

Traduction anglaise :

Hopkins — *Nicholas of Cusa,* Complete Philosophical and Theological Treatises of Nicholas of Cusa, *Jasper Hopkins (transl.), 2 vols, Minneapolis,* The Arthur J. Banning Press, 2001.

Traductions françaises :

Ap. Doct. — *Apologia doctae ignorantiae.*
Nicolas de Cues. *Trois traités sur la docte ignorance et la coïncidence des opposés,* introduction, traduction, notes et commentaires par Francis Bertin, « Sagesses chrétiennes », Paris, Cerf, 2007².

Comp. — *Compendium.*
Nicolas de Cues. *Compendium*, suivi de *La cime de la contemplation.* Texte latin, traduction, présentation et notes par Hervé Pasqua, « Le Philosophe », Paris, Éditions Manucius, 2014.

Conj. — *De conjecturis.*
Nicolas de Cues. *Les Conjectures. De coniecturis.* Texte traduit avec introduction et notes par Jean-Michel Counet, avec la collaboration de Michel Lambert, Paris, Les Belles Lettres, 2011.
Nicolas de Cues. *Les Conjectures.* Texte traduit, introduit et annoté par Jocelyne Sfez, Paris, Beauchesne, 2011.

Dat. Pat. — *De dato Patris luminum.*
Nicolas de Cues. *Opuscules* (*1440-47 et 1459*). Texte latin, introduction, traduction et notes de Hervé Pasqua, Rennes, Publications du Centre de Recherche de l'Institut Catholique de Rennes, 2011.

De Ber. — *De beryllo.*
Nicolas de Cues. *Traité du Béryl.* Texte, traduction et notes par Maude Corrieras, t. I, Paris, Éditions Ipagine, 2010.

De Poss. *Trialogus de possest.*
Nicolas de Cues. *Dialogue à trois sur le pouvoir-est. Trialogus de possest.* Texte latin, traduction et notes par P. Caye, D. Larre, P. Magnard, F. Vengeon, « Philologie et Mercure », Paris, Vrin, 2006.
Nicolas de Cues. *Le Pouvoir-est.* Texte latin et traduction par Hervé Pasqua, « Epiméthée », Paris, P.U.F., 2014.

De Princ. *De Principio.*
Nicolas de Cues. *Trois traités sur la docte ignorance et la coïncidence des opposés.* Introduction, traduction, notes et commentaires par Francis Bertin, « Sagesses chrétiennes », Paris, Cerf, 2007[2].
Nicolas de Cues. *Opuscules* (*1440-47 et 1459*). Texte latin. Introduction, traduction et notes de Hervé Pasqua, Rennes, Publications du Centre de Recherche de l'Institut Catholique de Rennes, 2011.

De Vis. Dei *De Visione Dei.*
Nicolas de Cues. *Le Tableau ou la vision de Dieu.* Introduction, traduction et notes par Agnès Minazzoli, « La nuit surveillée », Paris, Cerf, 2007; 2e édition : traduction, préface, notes et glossaire, « L'Ymagier », Paris, Les Belles Lettres, 2012.

Dia. Gen. *Dialogus de Genesi.*
Nicolas de Cues. *Opuscules* (*1440-47 et 1459*). Texte latin, introduction, traduction et notes de Hervé Pasqua, Rennes, Publications du Centre de Recherche de l'Institut Catholique de Rennes, 2011.

Doct. Ignor. *De Docta ignorantia.*
Nicolas de Cues. *La docte ignorance.* Traduction, présentation, notes, chronologie et bibliographie par Pierre Caye, David Larre, Pierre Magnard et Frédéric Vengeon, Paris, GF-Flammarion, 2013.
Nicolas de Cues. *De la docte ignorance.* Traduction, introduction et notes par Jean-Claude Lagarrigue, « Sagesses chrétiennes », Paris, Cerf, 2010.
Nicolas de Cues. *La docte ignorance*, introduction, traduction du latin et notes de Hervé Pasqua, « Rivages poche, Petite Bibliothèque », Paris, Éditions Payot et Rivages, 2011[2].

Fil. Dei. — *De Filatione Dei.*
Nicolas de Cues. *Opuscules (1440-47 et 1459).* Texte latin. Introduction, traduction et notes de Hervé Pasqua, Rennes, Publications du Centre de Recherche de l'Institut Catholique de Rennes, 2011.

Id. Ment. — *Idiota de Mente.*
Nicolas de Cues. *Les dialogues de l'idiot* (*De Idiota*). Introduction, traduction et notes de Hervé Pasqua, « Epiméthée », Paris, P.U.F., 2011.

Th. Comp. — *De theologicis complementis.*
Nicolas de Cues. *Trois traités sur la docte ignorance et la coïncidence des opposés.* Introduction, traduction, notes et commentaires par Francis Bertin, « Sagesses chrétiennes », Paris, Cerf, 2007².

Ven. Sap. — *De venatione sapientiae.*
Nicolas de Cues. *La chasse de la sagesse.* Texte latin, introduction, traduction et notes de Hervé Pasqua, Paris, P.U.F., 2015.

PROCLUS

In Parm. — *In Parmenidem.*
Proclus. *In Parmenidem, Codex Cusanus 186*, texte édité avec les annotations de Nicolas de Cues par Carlos Steel, Leyde & Louvain, E. J. Brill, 1982.

THOMAS D'AQUIN

In Metaph. — *Sententia libri Metaphysicae.*

SCG. — *Summa contra Gentiles.*

AUTRES ABRÉVIATIONS

CCCM. — *Corpus Christianorum Continuatio Mediaevalis.*

LBL. — Les Belles Lettres (pour l'édition française du *De conjecturis* et du *De visione Dei*).

MFCG. — *Mitteilungen und Forschungsbeiträge der Cusanus-Gesellschaft.*

INTRODUCTION
ENTRE MOYEN ÂGE ET RENAISSANCE
NICOLAS DE CUES ET LA VRAIE ICÔNE DE L'INVISIBLE

ISABELLE MOULIN

Avec ce troisième volume des « Publications de l'Institut d'Études Médiévales de l'Institut Catholique de Paris », l'Institut inscrit résolument sa démarche scientifique dans l'étude d'un « long Moyen Âge », selon l'expression devenue maintenant canonique du grand historien Jacques Le Goff[1]. Il cherche également à fournir quelques éclairages sur des philosophes dont la pensée originale résonne comme « en creux » dans la longue tradition médiévale. Car Nicolas de Cues, tout comme Jean Scot Erigène, n'a pas reçu d'emblée un écho direct fondamental dans l'histoire de la pensée philosophique occidentale, alors même que son projet philosophique a exercé une influence indirecte durable. Un autre point commun réside également dans le fait que Nicolas de Cues, tout comme Erigène, a puisé aux sources néoplatoniciennes, en particulier proclusienne et dionysienne, de sorte qu'il est possible de tracer une longue lignée interprétative, qui va de Jean Scot Erigène à Nicolas de Cues, en passant par Albert le Grand et Maître Eckhart, sans que, pour autant, ces « néoplatonismes » soient réductibles les uns aux autres[2].

1. J. Le Goff, *Un long Moyen Âge*, Paris, Tallandier, 2004.

2. Certains traits cusains entretiennent un rapport si proche de la pensée érigénienne que des études n'hésitent pas à construire une mise en perspective tout à fait pertinente. Voir par exemple C. Riccati, *Processio et Explicatio. La doctrine de la création chez Jean Scot et Nicolas de Cues*, Napoli, Bibliopolis, 1983.

Après la thématique de la « Philosophie et théologie chez Jean Scot Erigène », la question de la « Participation et de la vision de Dieu chez Nicolas de Cues » – cette participation se définissant dans un rapport à Dieu qui ne recouvre pas les dimensions de l'analogie de l'être telle qu'elle se rencontre dans la pensée thomasienne, par exemple – permet de suivre à la fois le développement de la pensée d'un certain « néoplatonisme » et de souligner son originalité propre. La pensée cusaine représente un « tournant » entre le monde médiéval et celui de la Renaissance. S'il est souhaitable de renoncer à une coupure radicale entre le monde médiéval et l'humanisme de la Renaissance, toute Renaissance forgeant *ipso facto* un moment « sombre » qui la précède et supposant par ailleurs une rupture profonde avec la période antérieure[1], la philosophie de Nicolas de Cues apparaît bien comme celle qui unit ces deux mondes supposés, sans pour autant que sa pensée puisse être jugée comme purement transitoire. Nicolas assimile toute une tradition philosophique médiévale et l'inscrit durablement dans la modernité. Cette influence est toutefois restée majoritairement indirecte, sans doute parce que tout comme Maître Eckhart ou Jean Scot Erigène avant lui, Nicolas de Cues reste un penseur atypique, avec une pensée originale qui dépasse nettement les cadres intellectuels de son époque, et en particulier le nominalisme issu de l'aristotélisme.

VIE ET ŒUVRE DE NICOLAS DE CUES (1401-1464)

Nicolas Chryfftz (Krebs), dit « Nicolas de Cues » est né en 1401 à Cues (Kues), au bord de la Moselle, près de Trèves, d'une famille de bateliers assez aisée. Il étudie à Heidelberg, puis à Padoue, où il obtient son doctorat de droit canonique en 1423. En plus de sa spécialisation en droit, il reçoit une éducation soignée dans tous les domaines, en particulier en mathématiques, astronomie et philosophie. Il se lie d'amitié avec le futur mathématicien Paolo Toscanelli (1397-1482), le canoniste Domenico Capranica (1400-1458) et le futur cardinal Cesarini (1398-1444) qui dirigera les travaux du Concile de Bâle et à qui il dédiera son traité de la *Docte Ignorance*. En 1425, il se met au service de l'archevêque de Trèves et il suit les cours de Heymeric de Campo (1395-1460) à l'université de Cologne;

1. « L'emploi de ce terme suppose une mort, toujours menaçante, qui est sur le point de l'emporter définitivement, et qu'il faut toujours conjurer contre diverses barbaries », R. Brague, *Modérément moderne*, Paris, Flammarion, 2014, p. 320.

celui-ci lui fait connaître la pensée d'Albert le Grand (1200-1280) et de Raymond Lulle (v. 1232-1316). Il s'initie également à la mystique dionysienne. Parallèlement, il révèle ses talents de chercheur en redécouvrant plusieurs manuscrits de droit canonique (*Codex Carolinus*, *Libri Carolini*), mais également d'histoire, de littérature, de philosophie, etc.

En 1432, il participe au concile de Bâle où il représente son protecteur, Ulrich de Manderscheid, évincé du poste d'archevêque électeur de Trèves, au bénéfice de Raban von Helmstadt, désigné par le Pape. Pour des raisons politiques (attachement à son protecteur) aussi bien qu'ecclésiologiques (unité et concordance dans l'Église), Nicolas de Cues est tout d'abord conciliariste. Il assoit définitivement sa renommée de juriste canoniste en publiant sa *Concordance catholique*, issue de ses réflexions lors du concile. Devant les divisions qui minent le parti conciliaire, il change de camp et passe dans le parti du pouvoir du Pape, qui l'envoie, dès 1437, travailler pour l'unité de l'Église et surtout inciter l'empereur Jean VIII Paléologue, le patriarche de Constantinople et les délégués des Églises orientales à soutenir le Pape et le concile de Ferrare, puis de Florence (1439), face au concile de Bâle. Parallèlement, Nicolas de Cues poursuit son travail de recherche de manuscrits et rapporte, à cette occasion, un grand nombre de textes des Pères grecs. C'est encore la recherche de l'unité et la défense de la papauté qui le ramènent en Allemagne pour négocier avec les princes allemands, en particulier en 1442 à la Diète de Francfort, où il exerce ses talents de diplomate. Son soutien à la cause papale le fait surnommer l'« Hercule des Eugéniens », du nom du Pape Eugène IV (1383-1447). Tous ses efforts tendent à recréer une unité qu'il a conçue dans la *Concordance*, qu'il a cru trouver dans le parti conciliaire et qu'il cherche désormais à construire autour de l'unique primat du Pape, ce dernier représentant le parti le plus sain (*sanior pars*). Cette unité, qui l'a conduit à Constantinople et en Allemagne, est encore celle qu'il prêche contre l'hérésie des hussites et qu'il défend face au danger turc.

Les considérations issues d'un réalisme politique ne sont pas les seules motivations du futur Cardinal. Ainsi que le montrent ses thèses œcuméniques, sa curiosité à l'égard de l'Islam et ses premiers projets de paix, Nicolas de Cues est un grand penseur de l'unité. C'est d'ailleurs sur le bateau qui le ramène à Venise à son retour de Constantinople qu'il a l'intuition de la thèse majeure qui traverse toute son œuvre, la coïncidence des opposés, qu'il expose dans sa *Docte ignorance* qui paraît en 1440. L'unité de Dieu est à chercher au-delà du principe de non-contradiction, dans l'union, apparemment contradictoire, du maximum et du minimum, union que l'homme ne peut atteindre que par la voie d'une « docte ignorance » qui transcende à la fois théologie positive et théologie négative en son sens premier. C'est également dans cet ouvrage qu'il traitera de la méthode transsomptive qui permet de comprendre l'union de l'infini et du fini.

Le nouveau Pape Nicolas V (1397-1455) le fait cardinal en 1448, puis évêque de Brixen, un diocèse qu'il ne réintègrera que deux ans plus tard, en 1452, puisqu'il est immédiatement envoyé comme légat apostolique prêcher l'année jubilaire du vingt-neuvième cinquantenaire de la naissance du Christ. Pendant les douze années qui suivent l'intuition de la *Docte ignorance*, Nicolas de Cues a écrit un très grand nombre d'ouvrages, tant en philosophie qu'en théologie : le *De Conjecturis* (*Les Conjectures*, 1441-1442), le *De Deo abscondito* (*Le Dieu caché*, 1444-1445), le *De quaerendo Deo* (*Du Dieu cherché*, 1445), le *De filiatione Dei* (*De la Filiation divine*, 1445), le *De dato Patris luminum* (*Du Don du Père des Lumières*, 1446), le *Dialogus de Genesi* (*De la Genèse*, 1447) et une *Apologie de la Docte ignorance* en réponse aux attaques dont son premier ouvrage a fait l'objet (1449). En 1450, il publie simultanément son *Autobiographie*, les dialogues de l'*Idiota* (*Le Profane*) : l'*Idiota de Sapientia* (*De la sagesse*), *de Mente* (*De l'esprit*) et le *De staticis experimentis* (*Des expériences de la balance*).

De retour dans son diocèse, le nouvel évêque de Brixen entreprend un vaste programme de réformes tant financières que morales, qui lui attire l'hostilité de la noblesse allemande, en particulier celle du duc Sigismond du Tyrol qui soutient les moniales frondeuses de Sonnenburg et qui le force à se réfugier dans la forteresse de Buchenstein de 1457 à 1458. Troublé par toutes ces tensions, Nicolas de Cues entretient une étroite correspondance avec les moines de Tegernsee auxquels il dédie son *De icona* ou *De Visione Dei* (*De l'icône ou de la vision de Dieu*) en 1453 et profite de sa résidence forcée à Buchenstein pour rédiger le traité *Du Beryl* (*De Beryllo*) et quelques traités de mathématiques (1458). Il apprend avec douleur la nouvelle de la chute de Byzance en 1453 et rédige à cette occasion son traité sur la paix, le *De Pace Fidei* (*La Paix de la Foi*) dans lequel il thématise son idée de l'unité des religions. « L'affaire allemande » trouve son achèvement par le retrait de Nicolas de Cues de ses fonctions épiscopales et sa nomination au titre de vicaire général à Rome en janvier 1459. Le nouveau Pape Pie II (1405-1464), l'un de ses vieux amis, ne souhaite pas s'aliéner l'appui du duc Sigismond dont il a besoin pour mener sa croisade contre les Turcs. Encore actif au sein de la curie, Nicolas de Cues soutient le projet de croisade de son ami Pie II, auquel il ne croit guère. En route pour Venise durant l'été 1464 pour rejoindre Pie II qui souhaite réceptionner la « flotte » promise par les Vénitiens, Nicolas succombe à la fièvre en cours de route, à Todi, le 11 août 1464. Pie II le suit de très près, le 14 août. Le projet de croisade contre les Turcs est abandonné.

Les quatre dernières années de la vie de Nicolas sont marquées par la rédaction d'œuvres majeures dans lesquelles il perfectionne et mène à son achèvement son intuition première, notamment le *Trialogus De possest* (*le Pouvoir-Est*, 1460), la *Cribatio Alkorani* (*Le Coran tamisé*, 1461), le *De Non Aliud* (*Du Non-autre*, 1462), le *De ludo globi* (*Du jeu de boule*, 1463), le *De venatione sapientiae* (*La chasse de la sagesse*, 1463), le *Compendium* (1463) et la *De apice theoriae* (*De la pointe de la contemplation*, 1464), l'un de ses tout derniers ouvrages.

Pour achever de tracer le portrait de cet infatigable voyageur, grand défenseur de l'unité sous toutes ses formes, partisan déjà d'une Réforme de l'Église qui n'interviendra que beaucoup plus tard, grand savant versé dans la plupart des nouveautés scientifiques de son époque, citons ce paragraphe de Maurice de Gandillac, qui rapporte les mots de Jean-André dei Bussi, le dernier secrétaire de Nicolas de Cues :

> Préfaçant trois ans plus tard une édition d'Apulée, Bussi vantera chez son maître une « telle bonté que jamais ne naquit meilleur homme », de si fermes convictions qu'on eût « plus aisément déplacé les Apennins ou les Alpes » que de le faire dévier d'une « opinion sainte et juste », une vigueur qui lui permettait de « parcourir à cheval en plein hiver plus de quarante milles allemands ». Il le dira « total adversaire du faste et de l'ambition », « critique le plus acéré de la philosophie aristotélicienne mais suprême interprète et maître de la théologie chrétienne et savantissime préposé à l'arcane céleste » [1].

Nous le disions plus haut, l'influence de Nicolas de Cues est diffuse et indirecte. Descartes, Kepler le citent; Giordano Bruno s'en inspire nommément. Mais c'est surtout à Ernst Cassirer (1874-1945) que l'on doit la première impulsion d'un renouveau des études cusaines[2]. Si ce dernier est très dépendant de sa propre conception de la Renaissance, le fait qu'il se soit intéressé à Nicolas de Cues pour savoir si Descartes pouvait être considéré comme le premier penseur de la modernité est très significatif de

1. M. de Gandillac, *Nicolas de Cues*, Paris, Ellipses, 2001, p. 10.

2. E. Cassirer, *Individu et cosmos dans la Philosophie de la Renaissance*, trad. fr. P. Quillet, Paris, Les Éditions de Minuit (« Le sens commun »), 1983. Sur l'impulsion première donnée par Cassirer, voir K. Flasch, « Ernst Cassirer, interprète de Nicolas de Cues », trad. fr. Muriel Van Vliet, *Revue Germanique Internationale* 15, 2012, p. 9-19.

la situation originale de l'évêque de Brixen, à mi-chemin entre Moyen Âge et Renaissance.

NICOLAS DE CUES, ENTRE MOYEN ÂGE ET RENAISSANCE

Les difficultés qu'ont éprouvées les commentateurs à situer la pensée du Cardinal témoignent de l'alliance du Moyen Âge et de la modernité à l'œuvre chez lui.

> Humaniste par son admiration pour la culture antique, son amour des belles lettres et son opposition aux nominalistes, [Nicolas de Cues] appartient déjà à la Renaissance. Mais par ses doctrines essentielles comme par sa hantise de l'unité, il est aussi le dernier témoin de la chrétienté médiévale; son rêve de la paix universelle grâce à la coordination des deux pouvoirs dans l'indispensable distinction du spirituel et du temporel, évoque l'idéal de Dante. En fin de compte, Nicolas de Cues est le trait d'union entre une culture qui se meurt et une autre qui va naître [1].

Médiévale, la pensée de Nicolas de Cues l'est totalement, du fait des sources qu'il utilise et de la tradition interprétative dans laquelle il s'inscrit, qui fait dialoguer Augustin et Denys, sur un fond discret d'aristotélisme, grandement médiatisé par son albertisme. On retrouve, chez le Cusain, les trois grandes influences médiévales: aristotélisme, dionysianisme et augustinisme, qui se combinent chaque fois de manière originale dans tel ou tel système philosophique. Chez Nicolas de Cues, il est certain que l'aristotélisme, et, dans une certaine mesure, l'augustinisme, reculent par rapport à une influence platonicienne très forte, qui se manifeste, notamment, par sa réception de Proclus. Si ses devanciers n'ont pas toujours pu utiliser directement les écrits de Proclus (la première traduction des *Eléments de Théologie*, établie par Guillaume de Moerbeke, date de 1268), Nicolas bénéficiait de la *Théologie platonicienne*, du *Commentaire du Parménide* (également traduit par Moerbeke dans les années 1280) et sans doute du *Commentaire aux éléments d'Euclide* [2]. L'influence

1. F. Vansteenberghen, *Histoire de la Philosophie. Période chrétienne*, Louvain/Paris, Publications Universitaires/Béatrice-Nauwelaerts, 1964, p. 163, cité par J.-M. Counet, Nicolas de Cues. *Les Conjectures. De coniecturis*, texte traduit avec introd. et notes par J.-M Counet, avec la collaboration de M. Lambert, Paris, Les Belles Lettres, 2011, p. XLV.

2. Voir R. Klibansky, *The Continuity of the Platonic Tradition during the Middle Ages*, Londres, The Warburg Institute, 1939 et l'introduction de C. Steel à son édition du

proclusienne directe dépasse celle de sa christianisation par le Pseudo-Denys et se trouve à l'origine de la considération cusaine de l'Un, au-delà de toute affirmation et de toute négation, et donc au-delà de l'Être. Chez Nicolas de Cues prédomine donc une influence dionysienne, complétée par le recours direct au néoplatonisme proclusien et par sa lecture érigénienne. Ce platonisme est enrichi, dans sa dimension plus mathématique, par l'École de Chartres (Thierry de Chartres notamment), et un platonisme beaucoup plus diffus dans l'école rhénane d'Albert le Grand, notamment *via* son maître Heymeric de Campo († 1460).

Mais pour médiévale qu'elle soit, la philosophie de Nicolas de Cues présente cette ouverture à la modernité que l'on décèle, notamment, dans le recul de l'aristotélisme et dans une plus grande attention portée aux sciences mathématiques et astronomiques et à leur interaction avec la pensée philosophique. Non que le Moyen Âge ait négligé les arts du *quadrivium*, ni même que l'astronomie ait été absente dans le monde arabe ! Mais la tradition latine n'accordait pas toute sa place à l'utilisation de ces sciences pour la philosophie première. Cette donnée s'explique à la fois par la réception du platonisme et celle de l'aristotélisme. Peu traduite au Moyen Âge, la pensée platonicienne n'était guère sollicitée pour son caractère géométrique. Le Pseudo-Denys s'intéresse rarement aux réflexions cosmologiques et ce n'est qu'avec l'Ecole de Chartres et la redécouverte du platonisme qu'on retrouve la théorie des nombres. Cette réflexion est peu prolongée au XIIIe siècle, du fait notamment de la place accordée aux mathématiques et à l'astronomie dans les écrits d'Aristote, qui s'imposent dans la pensée scientifique. La division des sciences chez Aristote, telle qu'on la trouve notamment en *Métaphysique* E, 1, ainsi que la circonscription des différents genres de science en fonction de leur objet dans son ouvrage des *Seconds Analytiques*[1], ne permet guère de penser une mathématisation du réel. Par ailleurs, si Aristote a cherché à présenter une cosmologie, très vite remise en question, notamment par Ptolémée et l'astronomie arabe qui l'a suivie, le Stagirite ne s'était guère préoccupé de la cohérence de son système, comme l'indique la boutade de *Métaphysique* Λ, 8 : « mais qu'il faille l'admettre nécessairement, je laisse à de plus

Commentaire de Parménide de Proclus : Carlos Steel (ed.), *Procli in Platonis Parmenidem Commentaria : Tomus I, libros I-III Continens*, Oxford, Oxford University Press, 2007, cités par F. Bertin, « Introduction » dans *Nicolas de Cues. Trois traités sur la docte ignorance et la coïncidence des opposés*, Paris, Cerf, ²2007, p. 24.

1. Aristote, *Seconds Analytiques* I, 7, 75a38-b20.

habiles le soin d'en décider »[1]. C'est ainsi que la redécouverte des œuvres scientifiques d'Aristote dans le monde latin au cours du XIIe siècle et leurs traductions progressives n'ont pas permis de construire un vrai rapport entre les mathématiques et la philosophie première. Or, le rôle des sciences dures est une donnée fondamentale de la modernité qui aboutira au mécanisme du XVIIe siècle, le projet d'une *mathesis universalis* chez Descartes et les principes premiers de la monadologie leibnizienne. Sur ce point, Nicolas de Cues manifeste d'un usage des mathématiques qui marque clairement son ouverture à la modernité[2].

La mathématisation de l'idée participative sans mathesis universalis

Citant Martianus Capella, cet auteur du Ve siècle connu pour son immense encyclopédie traitant des sept arts libéraux, intitulée *Les noces de Philologie et de Mercure*, Nicolas de Cues reprend à son compte ce projet qui « affirme que la philosophie, en voulant s'élever à la connaissance de cette trinité, a vomi cercles et sphères »[3]. Nos facultés compréhensives que sont les sens, l'imagination et la raison, ont toutes besoin de supports, et notamment des supports que sont les figures géométriques : en particulier, dans le cas de la Trinité, le cercle, la sphère, la ligne ou le triangle. Mais l'Un qui ne peut être saisi à travers la théologie négative ne saurait se soumettre à une quelconque représentation figurée, puisqu'il est « là où la ligne est triangle, cercle et sphère; là où l'unité est trinité, et inversement »[4]. Et « si tu ne comprends pas comment l'Un est à la fois Trinité », c'est que tu n'as pas suffisamment « vomi la sphère », nous avertit Nicolas de Cues ! La tâche de la philosophie est donc d'épurer « tout ce qui est susceptible d'être produit par l'imagination ou la raison » pour atteindre l'acte d'intellection le plus simple. Cette intellection simple ne peut s'effectuer que par un dépassement des différences et des diversités des choses, et en particulier « toutes les figures mathématiques »[5]. Mais alors, si la démarche philosophique consiste précisément à « vomir » les

1. Aristote, *Métaphysique*, *Lambda* 8, 1074a16, trad. fr. Tricot, Paris, Vrin, 1986, p. 695.

2. Sur la question des mathématiques chez Nicolas de Cues, son usage et son interprétation, voir J.-M. Counet, *Mathématiques et dialectique chez Nicolas de Cuse*, Paris, Vrin, 2000.

3. Martianus Capella, *De nuptiis Philologiae et Mercurii*, II, 35, éd. A. Dick, Stuttgart, Teubner, 1978, p. 59, cité dans *Doct. Ignor.*, I, 10, 27 (HDG, p. 19, 19-20/Caye, p. 59).

4. *Doct. Ignor.*, I, 10, 27 (HDG, p. 20, 8-9/Caye, p. 59).

5. *Doct. Ignor.*, I, 10, 29 (HDG, p. 21, 16/Caye, p. 61).

mathématiques, en quoi la pensée cusaine est-elle une ouverture à la modernité, fondée sur le rôle dévolu aux mathématiques pour atteindre la vérité?

C'est que le projet global de Nicolas de Cues reste une philosophie bâtie sur l'intuition première du Pseudo-Denys l'Aréopagite pour qui toute théologie est d'abord une théologie mystique construite sur un apophatisme. Malgré la démarche positive mise en œuvre dans les *Noms Divins* et les deux *Hiérarchies*, la théologie dionysienne est d'abord une théologie négative du *Deus absconditus*. La participation n'est pas pensée sous la forme d'une «pure» analogie de l'être qui tiendrait le juste milieu entre équivocité et univocité. L'équivocité l'emporte systématiquement sur l'univocité, l'inconnaissance sur la connaissance[1]. Cette christianisation dionysienne du statut de l'Un au-delà de l'Être et de l'Intellect joue un rôle fondamental pour les pensées très fortement influencées par Denys, comme celles d'Albert le Grand, de Maître Eckhart et de Nicolas de Cues[2]. Par-delà les données des sens et de l'imagination, les mathématiques se révèlent être les supports les plus appropriés au travail de la raison; mais elles ne peuvent se substituer à l'intellection pure[3] qui, seule, nous permet d'atteindre une certaine figuration de l'inconnaissable, au-delà de tout support matériel. Si se dessine une certaine mathématisation du réel, chez Nicolas de Cues, celle-ci ne peut aboutir à une *mathesis universalis*.

1. Il serait d'ailleurs intéressant de vérifier, en particulier chez les grands penseurs de la mystique, si le primat de l'équivocité ne constitue pas la fine pointe de toute démarche mystique.

2. Sur ce point, la construction érigénienne est différente.

3. Sur la différence entre l'interprétation du mysticisme de Denys de Vincent d'Aggsbach et de Nicolas de Cues, voir P. Caye *et alii*. dans *Doct. Ignor.*, en particulier, p. 30-32. Dans l'expérience mystique du *De icona*, voir notamment: «c'est avec les yeux de la pensée et de l'intelligence que je vois la vérité invisible de ta face» (*De Vis. Dei*, VI, 17, HDG, p. 20, 8-10/LBL, p. 21). Mais la contemplation de la face est une «stupeur» (*ibid.*) et demeure limitée par l'œil de la chair. Selon le principe néoplatonicien bien connu de la *virtus recipiendi*, autrement dit du degré de réception en fonction de l'essence du récepteur, que Nicolas adopte dans son principe de réduction, l'homme ne peut dépasser ses capacités humaines de connaissance. L'homme pérégrin ne voit qu'en énigme, selon le concept paulinien du miroir. «Cette obscurité, ce brouillard, ces ténèbres, ou encore cette ignorance» (*De Vis. Dei*, VI, 21, HDG, p. 23, 1-2 /LBL, p. 24) à l'égard de Dieu est la marque de la prééminence de l'équivocité. Une «docte ignorance», toute docte qu'elle soit (contre Vincent d'Aggsbach), ne demeure pas moins une ignorance; voir également *Doct. Ignor.* I, 16 (HDG 31, 11-12/Caye, p. 73) et *Ap. Doct.* (HDG 12, 22-24/Bertin, p. 44). Nul ne peut chercher Dieu sans en avoir une certaine connaissance, mais celle-ci ne peut épuiser l'être divin.

Ainsi, si tout projet philosophique ne se réduit pas à son expression mathématique, les mathématiques demeurent cependant le maillon essentiel dans la démarche de la connaissance de l'un maximal. En effet, Nicolas de Cues, dans un passage célèbre de la *Docte Ignorance*, souligne l'importance de la « contribution des mathématiques à la saisie de diverses notions divines »[1], car ces dernières conduisent l'intelligence des sensibles vers l'intelligible dans la méthode « transsomptive »[2].

La distance entre le Créateur et sa créature est infinie et l'inconnaissance de Dieu prédomine sur sa parfaite compréhension. Dieu n'est cependant pas inintelligible. Il se laisse au moins atteindre dans le monde qu'il a créé et qui est comme l'expression théophanique de son être intelligible. Même le Pseudo-Denys proposait une voie métaphorique pour exprimer le divin, sous la forme d'un langage hyperbolique recherché dans les *Noms Divins*. À cette expression logique correspondait l'expression ontologique de la participation de l'imparticipable dans la diffusion des énergies divines en fonction de la capacité naturelle des récepteurs (*virtus recipiendi* ou mode analogique de la réception). Mais en complément de Denys, c'est Augustin qui fournit au Cusain la dimension de la théologie symbolique[3], qui lui permet de mettre en lien visible et invisible, vérités révélées et réalités inaccessibles du monde spirituel. L'élaboration symbolique du monde se fonde dans l'expression paulinienne de 1 Co 13, 12: « Aujourd'hui, nous voyons au moyen d'un miroir, d'une manière obscure, mais alors nous verrons face à face »[4]. S'il est possible de remonter du

1. *Doct. Ignor.*, I, 11, 30 (HDG, p. 22, 2-3/Caye, p. 61).

2. *Doct. Ignor.*, I, 10, 29 (HDG, p. 21, 20/Caye, p. 61).

3. Nous utilisons cette expression au sens large du terme, en tant qu'une telle théologie met en rapport le visible et l'invisible par l'intermédiaire d'un *signe* intermédiaire qui, par métonymie ou par ressemblance, lorsque le symbole se fait image, conduit l'esprit à une certaine connaissance confuse de la vérité ineffable. Elle suppose une théologie de la création dans laquelle le monde est l'expression théophanique et le lieu de la Révélation du divin. Dans une telle acception, la théologie symbolique n'est souvent que « l'envers » de la théologie négative. Pour une analyse détaillée de la théologie symbolique et de son évolution de Denys à Thomas, voir O. Boulnois, « la théologie symbolique face à la théologie comme science », dans *Lire le monde au Moyen Âge. Signe, symbole et corporéité, Revues des Sciences Philosophiques et Théologiques* 95, 2011, p. 217-250. Consulter également L. Valente, *Logique et Théologie. Les écoles parisiennes entre 1150 et 1220*, Paris, Vrin, 2008.

4. L'expression paulinienne, commentée par Augustin, est au fondement de toute théologie symbolique fondée sur le rapport du visible et de l'invisible ; par ex., Hugues de Saint-Victor (ainsi *De Sacramentis Christianae Fidei*), Bonaventure (ainsi *Itinerarium*) et dans une certaine mesure seulement, Albert le Grand. A noter qu'il convient de corriger la n. 1, p. 226 dans l'édition de la *Doct. Ignor.* (éd. P. Caye *et alii*). Sur le rôle du miroir dans la

visible à l'invisible, c'est que la création en présente une image déformée mais qui reste *signifiante*. La théologie symbolique de Cues comprend la splendeur de la forme, et malgré tout ce qu'elle doit à l'augustinisme, suppose une théorie de l'*explicatio* (développement) et de la *complicatio* (enveloppement). L'unité cosmique de l'univers, si fondamentale chez les Grecs, devient le déploiement du Dieu Un dans la multiplicité du visible. L'un simple en Dieu se développe dans la création qui présente l'unité divine de manière enveloppée. Seul subsiste l'un, développé ou enveloppé, selon une dialectique (ou analytique) qui ressemble d'assez près au mouvement des quatre divisions de l'unique Nature que l'on trouve chez Jean Scot Erigène[1].

La philosophie symbolique cusaine dépasse donc l'expression unitaire et homogène du *cosmos* grec, de même qu'elle interprète, à sa façon, la relation de l'homme à Dieu pensée sous la forme de l'âme, image trinitaire, que l'on trouve chez Augustin. Afin de comprendre la vision symbolique du monde chez Nicolas de Cues et le rôle dévolu aux mathématiques qui en découle, il est utile de citer ce passage de la *Docte Ignorance* en entier :

> Nos docteurs les plus sages et les plus divins sont unanimes à reconnaître que les réalités visibles sont les images véridiques des réalités invisibles, et qu'il est possible aux créatures de voir le créateur sur le mode de la connaissance comme dans un miroir et par énigme. Le fait qu'on puisse explorer par la voie symbolique le monde spirituel, qui en lui-même nous est inaccessible, a son fondement dans ce qui a été dit plus haut, à savoir que tout se tient par une certaine analogie mutuelle – qui nous reste cependant dissimulée et incompréhensible –, si bien que de tout naît un univers unique et que tout dans l'un maximal est un lui-même[2].

L'Un maximal, en qui, selon la coïncidence des opposés, réside également le minimum absolu, est l'infini qui échappe à toute analogie et qui demeure totalement inconnu[3]. Mais « Dieu est ce qui enveloppe toutes choses parce qu'elles sont toutes en lui; il est ce qui développe toutes

connaissance, voir également Nicolas de Cues, *Th. Comp.* II, 52-54 (HDG, p. 9-10/Bertin, p. 92) : « C'est pourquoi la vérité inhérente à l'intelligence est comparable à un miroir invisible, dans lequel l'intelligence contemple tout le visible grâce à elle ».

1. « Dans une certaine mesure, le monde a peut-être été fait de cette façon. Car son Maître, le Dieu glorieux, en voulant faire un monde qui soit beau, a créé son pouvoir être fait et en lui, de manière compliquée (*complicite*), toutes les choses nécessaires à la constitution du monde », *Ven. Sap.* IV (HDG, p. 12, 3-6/ Pasqua, p. 43).

2. *Doct. Ignor.*, I, 11, 30 (HDG, p. 22, 4-11/Caye, p. 61).

3. *Doct. Ignor.*, I, 1, 3 (HDG, p. 6, 1-2/Caye, p. 44).

choses parce qu'il est en toutes »[1]. Toute chose visible est donc une image de la réalité invisible, même si elle ne pourra jamais atteindre un degré de similitude véritable[2]. Toute connaissance humaine est conjecturale, comme l'inscription du polygone dans le cercle : « s'il ressemble de plus en plus au cercle à mesure que ses angles inscrits sont plus nombreux, jamais pourtant, quand bien même on les multiplierait à l'infini, il ne deviendra égal à celui-ci »[3]. L'image géométrique du polygone s'inscrivant dans le cercle – encore une figure mathématique ! –, nous montre bien l'absence de précision de la connaissance humaine, nous indique que toute réflexion analogique ne s'exprime que sur fond d'équivocité, mais nous propose cependant une voie de connaissance possible par similitude et approximation. C'est ainsi que Nicolas construit sa pensée symbolique. Le monde est le développement de toutes choses en Dieu, tout comme celles-ci expriment, de manière *contractée*, le Dieu qui les ont créées. Les choses sont bien les images, certes imparfaites et imprécises, de la vérité du Dieu qui les ont créées. Le visible se fait signe de l'invisible.

Mais comme dans toute théologie symbolique, le rapport du visible à l'invisible n'est pas duel. Malgré l'étymologie du terme symbole qui renvoie à l'union de deux réalités concrètes qui ne prennent sens qu'unies entre elles et dont la réunion exprime leur capacité signifiante, dans le cas de Dieu, le signe renvoie à une réalité qui le dépasse et implique ainsi un chemin, un processus de signification, ce chemin de signification supposant des acteurs intermédiaires. Dans ce contexte, la question de l'acteur et du récepteur de la signification ne joue qu'un rôle secondaire. En effet, l'auteur de la création a d'emblée créé le monde de manière intelligible et tout créé est livré comme un intelligé; par ailleurs, la *virtus recipiendi*, qui désigne le mode de réception de l'intelligibilité de la substance créée, construit l'espace intelligible dans lequel se meut le récipiendaire du signe : l'homme, être rationnel par nature, reçoit le signe sur le mode de l'intelligibilité. Il est donc, par définition, apte à interpréter et à comprendre le signe. Ce dernier n'appartient cependant pas au domaine de l'évidence : la construction signifiante suppose un travail et un processus. Si le rapport des deux réalités n'est pas duel, c'est en raison de l'état actuel

1. *Doct. Ignor.*, II, 3, 107 (HDG, p. 70, 14-16/Caye, p. 115).

2. « L'intellect fini ne peut donc atteindre avec précision la vérité des choses au moyen de la similitude », *Doct. Ignor.*, I, 3, 10 (HDG, p. 9, 10-11/Caye, p. 47).

3. *Doct. Ignor.*, I, 3, 10 (HDG, p. 9, 17-20/Caye, p. 47-48).

du créé: la raison humaine demeure défectueuse et le statut déficient de l'image invite à la construction heuristique.

Chez Nicolas de Cues, le processus de révélation du signe suppose à la fois que l'esprit multiplie les saisies du visible afin de s'approcher au plus près de l'invisible (comme le suggère l'image du polygone et du cercle), mais également qu'il « se purifie » en se détachant progressivement des données sensitives. C'est le sens de la méthode transsomptive et du rôle particulier dévolu aux mathématiques. La démarche heuristique de recherche du vrai s'effectue donc à partir de l'image et par voie de transsomption. Nicolas souligne en effet que

> les réalités plus abstraites – quand les choses sont considérées de façon que, sans être totalement dépourvues de supports matériels en l'absence desquels elles ne pourraient être imaginées, elles ne soient pas non plus totalement soumises aux fluctuations de la potentialité – sont plus stables et présentent à nos yeux une plus grande certitude, à l'exemple des objets mathématiques. C'est pourquoi les sages y ont ingénieusement puisé des exemples pour leurs recherches intellectuelles [1].

Les mathématiques jouent un rôle intermédiaire dans la construction épistémologique car elles ne sont pas totalement dénuées de sensibilité, au sens où les figures géométriques ou les nombres utilisent encore un support matériel permettant à l'imagination de se déployer, mais ses objets demeurent dégagés de la potentialité et de la matière particulière dont sont revêtus les objets sensibles. Par ailleurs, les mathématiques possèdent un degré de vérité et de précision que ne possèdent pas les choses sensibles. En ce sens, si les mathématiques ne sont pas si dénuées de figuration qu'elles seraient un obstacle à l'imagination, elles dépassent cependant infiniment les capacités imaginatives et leur degré de certitude se trouve d'autant accru qu'elles reposent sur des démonstrations certaines :

> Nous marchons donc, nous dit Nicolas, sur les traces des Anciens, lorsque nous affirmons, en accord avec eux, qu'il nous est possible d'utiliser de façon assez adéquate le langage mathématique en raison de son irréfragable certitude, puisque nulle autre voie ne nous est ouverte pour accéder aux choses divines que les symboles [2].

1. *Doct. Ignor.* I, 1, 31-32 (HDG, p. 22, 21-p. 23, 3/Caye, p. 62).
2. *Doct. Ignor.*, I, 11, 32 (HDG, p. 24, 6-9/Caye, p. 63).

Le statut renouvelé des mathématiques chez Nicolas de Cues explique la parenté qu'il revendique avec la pensée pythagoricienne : pour lui, Pythagore est le premier philosophe car il a su découvrir, le premier, le sens mathématique de la réalité[1].

Si l'expression mathématique est au cœur de la méthode transsomptive, elle doit cependant être progressivement abandonnée, au nom de cette même méthode, pour une symbolisation plus grande. Les mathématiques en effet présentent encore une figuration visible ; par ailleurs, bien qu'elles nous invitent à passer de la représentation finie à la représentation infinie, elles se trouvent limitées par leur propre objet fini. S'il est encore possible, pour l'esprit, de passer à l'infinitisation de l'objet mathématique fini, ainsi de la droite à la droite infinie, du cercle au cercle infini, le passage de l'infini figuré à l'Infini infigurable transcende toute démarche mathématique. La méthode transsomptive inclut donc le moment nécessaire et fondamental des mathématiques, mais elle appelle, dans sa démarche même, à les dépasser. En effet, l'Infini infigurable est le lieu de la coïncidence des opposés, dans lequel le Maximum coïncide avec le Minimum. Or, une telle coïncidence n'est pas pensable selon le principe de non-contradiction. C'est la raison pour laquelle, si les Anciens ont eu raison de chercher à comprendre l'Égalité infinie en tentant de résoudre mathématiquement la quadrature du cercle, puisqu'une telle réflexion est impossible au niveau du sensible, ils n'ont cependant pas pu pousser plus loin leurs analyses car le principe de non-contradiction rend toute résolution de ce problème géométrique insoluble[2]. C'est d'ailleurs la raison pour laquelle Nicolas de Cues a cherché à dépasser ce principe.

Résumons donc la méthode transsomptive en ses deux étapes en lisant le texte de *La docte Ignorance* :

> Puisqu'en vérité ce qui précède montre clairement que le maximum, dans sa simplicité, ne peut être rien de ce que nous savons ou concevons, il en résulte qu'au moment où nous nous proposons de l'explorer par la voie symbolique, il est nécessaire de dépasser la simple ressemblance. En effet, tous les objets mathématiques étant finis (sans quoi nous ne serions même pas en mesure de les imaginer), nous devons impérativement, si nous voulons prendre pour exemple des réalités finies afin de nous élever jusqu'au maximum dans sa simplicité, premièrement considérer les figures

1. Voir par exemple *Doct. Ignor.*, I, 11, 32 (HDG, p. 23, 8-9/Caye, p. 62).

2. *Th. Comp.*, IV, 18-25 (HDG, p. 21-22/Bertin, p. 100), de même *Conj.* II, 2 (HDG, p. 79-80).

mathématiques finies avec leurs propriétés et leurs définitions, puis transférer ces définitions des figures finies aux figures infinies équivalentes, en respectant la correspondance des unes aux autres, avant, troisièmement, de transsumer plus haut encore les définitions mêmes des figures infinies vers l'infini simple, absolument affranchi de toute figure[1].

C'est en effet la réflexion mathématique qui nous permet de saisir comment la ligne infinie est à la fois droite, triangle, cercle et sphère. Ainsi, lorsque la courbure du cercle s'allonge et s'aplatit jusqu'à la droite, l'esprit comprend alors comment la ligne infinie est courbe au minimum et droite au maximum et ainsi (deuxième moment de la transsomption), comment le minimum coïncide avec le maximum. La représentation mathématique ainsi que les propriétés sur lesquelles elle repose permettent donc de donner un sens certain à la réflexion théologique du maximum, que l'on trouvait chez Anselme, par exemple. Mais en même temps, cette représentation a vocation à se trouver dépassée par le principe de coïncidence des opposés. Autre exemple; s'il est possible de dire que tout polygone s'inscrit dans un cercle fini et de comprendre ainsi comment chaque créature participe de la toute-puissance infinie de son Créateur (premier moment), la mathématisation de l'idée participative trouve cependant sa limite en ce que le cercle fini reste de l'ordre du quantifiable et peut donc tolérer le plus et le moins, tandis que la toute-puissance créative ne peut appartenir au domaine du quantifiable. L'objet mathématique doit donc laisser la place à l'objet théologique (deuxième moment) qui suppose l'abandon de toute figuration et un passage à une compréhension de l'intellect qui dépasse la raison pour atteindre l'intuition intellectuelle simple[2]. Enfin, la compréhension de ce maximum ne peut qu'être soumise à l'incompréhensibilité de l'Un : la méthode transsomptive s'achève sur la théologie négative.

1. *Doct. Ignor.*, I, 12, 33 (HDG, p. 24, 13-23/Caye, p. 64).

2. *Th. Comp.* V, 19-27 (HDG, p. 26-27/Bertin, p. 103) : « Car aucune créature ne comporte une part de la toute-puissance, à la façon dont le polygone comporte une part du cercle fini, puisque la toute-puissance est indivisible, ne tolérant ni le plus ni le moins. Or le cercle fini, puisqu'il tolère le plus et le moins, ne peut pas envelopper les polygones à la façon dont la toute-puissance enveloppe tout le limitable. Et c'est ainsi que l'intelligence s'élève jusqu'aux figures théologiques à partir des figures à angles multiples et du cercle qui enveloppe tous les polygones formables et, après avoir abandonné les figures, saisit intuitivement la puissance infinie du premier Principe et des autres figures enveloppées en lui, ainsi que leurs différences et leur assimilation à ce Principe simple ».

Il y a donc bien une ambivalence de l'usage des mathématiques chez Nicolas de Cues qui témoigne de son statut historique intermédiaire : l'heuristique mathématique ouvre à la modernité, tandis que sa place épistémologique la maintient dans la tradition antique (selon la lecture cusaine du pythagorisme et du platonisme) et médiévale, en particulier dans l'héritage mystique et apophatique du dionysianisme[1]. Mais une ouverture ne signifie pas un dépassement, la mystique dionysienne trouvant tout autant sa place dans notre modernité que les mathématiques.

Le décentrement universel

Une remarque similaire peut être conduite pour l'astronomie. Le thème de la création occupe une place centrale dans le système de Nicolas de Cues, car elle est le lieu du rapport de l'homme à Dieu. L'univers, bien loin de constituer un simple environnement pour le déploiement de l'action de l'homme, est le lieu où se noue ce rapport, l'homme cherchant Dieu dans l'univers et ce dernier se révélant dans le *cosmos* tout entier[2]. Mais par-delà sa dimension heuristique et symbolique, l'univers est le développement (*explicatio*) de Dieu, le déroulement de la multiplicité à partir de l'Un, la manifestation du maximum dans le minimum. De ce point de vue, Nicolas de Cues ne s'écarte pas du courant qui le précède, en particulier la tradition albertinienne, qui unit à la fois conception épistémologique, manifestation ontologique et réflexion cosmologique. Une belle

1. Le constat que nous établissons s'inscrit en dehors de tout jugement de valeur et ne cherche pas à classifier les doctrines en fonction de leur insertion vectorielle dans l'histoire, entendue comme une progression optimiste vers notre modernité. Voir Rémi Brague, *Modérément moderne*, *Le propre de l'homme*, *Le règne de l'homme* et J. Hoff, *The Analogical Turn. Rethinking Modernity with Nicholas of Cusa*, Michigan & Cambridge, U.K., William B. Eerdmans Publishing Company, Grand Rapids, 2013.

2. Ce point marque sans doute l'aspect le plus évident de la distinction entre la modernité et la conception antique et médiévale du *cosmos* comme beauté et ordre du monde, indépendante de l'action humaine (la « sagesse du monde ») ou comme le don de Dieu dans lequel l'homme dirige son action comme *retour* à ce don premier (« la loi de Dieu ») ; voir la trilogie de Rémi Brague : *La sagesse du monde. Histoire de l'expérience humaine de l'univers*, Paris, Librairie Arthème Fayard, 1999 ; *La loi de Dieu. Histoire philosophique d'une alliance*, Paris, Gallimard, 2005 ; *Le règne de l'homme. Genèse et échec du projet moderne* (Paris, Flammarion, 2013), « L'Esprit de la Cité », Paris, Gallimard, 2015. Si cette lecture se confirme par la triple antinomie kantienne du moi, du monde et de Dieu, reste à savoir si elle implique un retour à notre bonne vieille métaphysique (sur l'équivocité plurielle de la métaphysique, voir Olivier Boulnois, *Métaphysiques rebelles. Genèse et structures d'une science au Moyen Âge*, « Epiméthée », Paris, P.U.F., 2013).

illustration de cette triple dimension de la conception du *cosmos* se trouve dans la figure U des *Conjectures* qui expose l'univers comme un grand tout, représenté par le « cercle de toutes choses » (*circulus universorum*) et qui se décline en trois parties ou cercles inclus dans le premier, l'un de la région supérieure, l'autre de la région intermédiaire et le dernier de la région inférieure[1]. Chaque région est elle-même divisée en trois cercles, délimitant à nouveau trois ordres, le premier, l'intermédiaire et l'inférieur. Ces trois ordres sont présents dans chaque région, suivant la règle des nombres : unités, dizaines, centaines, milliers, « l'unité de la dizaine figurant l'intelligence, l'unité de la centaine l'âme, l'unité du millier le corps »[2]. Chacune de ces régions possède l'unité en fonction de l'ordre qui est le sien. La figure U illustre donc parfaitement la correspondance entre les divers ordres, épistémologique, ontologique et cosmologique. L'univers est présenté de manière particulièrement hiérarchisée, selon une structure assez courante dans la pensée néoplatonicienne, en particulier chez le Pseudo-Denys, mais avec la spécificité de Nicolas de Cues qui fait que chaque singularité trouve sa place, *en tant que singularité*, dans l'ensemble de l'univers.

Cette manière dynamique et singulière de concevoir l'univers dans les *Conjectures* n'est pas si éloignée de la représentation imagée, présentée dans le traité de *La Docte ignorance*, dans lequel, la création s'exprime sous la forme du souffle divin qui déploie les formes latentes[3] selon les images du déroulement de la pelote ou de l'âme de l'artisan ; la première signifiant le caractère dynamique du déploiement de l'un ; la seconde, appliquant, de manière très classique, la notion du démiurge platonicien à la création pour représenter l'unité s'exprimant volontairement dans le créé. « La nature, nous dit le Cardinal, est comme l'enveloppement de toutes les choses qui adviennent par le mouvement »[4]. L'univers est donc en mouvement et chaque singularité s'exprime sous la forme d'un point contracté du Tout :

1. Nicolas de Cues, *Conj.*, I, XIII (HDG, p. 66/Counet, p. 58-59).

2. *Conj.* I, XIII (HDG, p. 67/Counet, p. 60-61).

3. Sur la théorie de la latence des formes, voir en particulier nos deux articles : « Création et causalité chez Albert le Grand et Thomas d'Aquin », *Revue Roumaine de Philosophie* 55, 2011, Numéro spécial : « Actualité de Thomas d'Aquin », éd. A. Baumgarten, p. 361-380 ; et « The question of the status of secondary causes in two commentaries on Peter Lombard's Sentences: Bonaventure and Thomas Aquinas » (à paraître).

4. *Doct. Ignor.*, II, 10, 153 (HDG, p. 97, 28-29/Caye, p. 145).

> [la puissance, l'acte et le mouvement] sont nécessairement en tous les êtres selon des degrés divers, sur un mode à ce point différent qu'il ne peut y avoir, dans l'univers deux choses parfaitement égales en tout [1].

Du mouvement de l'univers et de l'absolue singularité de chacun des points contractés découle l'absence de centralité du monde : la Terre n'est plus le centre fixe et immobile du monde. Et puisque rien n'est en repos dans l'univers, si ce n'est Dieu qui ne lui est pas immanent au sens absolu du terme, « la Terre, qui ne peut être le centre du monde, ne peut être, par conséquent, dépourvue de tout mouvement »[2], et poursuivant son développement astronomique iconoclaste, Nicolas de Cues affirme que « la sphère des étoiles fixes n'en est pas la circonférence »[3]. Annonçant Copernic (1473-1543), Nicolas de Cues est le premier à remettre en cause le modèle homocentrique des sphères, hérité d'Aristote, de Ptolémée et de l'astronomie médiévale arabe. La Terre n'est plus, immobile, située au centre du monde ; la sphère des Fixes ne marque plus la limite de l'univers fini : la terre est en mouvement et l'univers est infini, d'une infinité autre que celle de Dieu, ce dernier étant le seul être véritablement infini :

> Donc puisqu'il n'est pas possible que le monde soit renfermé entre un centre corporel et une circonférence, le monde, dont le centre et la circonférence sont Dieu, ne se laisse pas comprendre. Et bien que ce ne soit pas un monde infini, pourtant il ne peut être conçu comme fini, puisque lui manquent les limites entre lesquelles il se tiendrait enfermé [4].

Il est intéressant de s'arrêter sur ces quelques considérations pour bien comprendre la « révolution » astronomique introduite par Nicolas de Cues, bien avant Copernic et Kepler, clôturant une certaine vision médiévale du monde et ouvrant à la Renaissance. Elle s'effectue sur trois plans : le décentrement de la Terre, l'ouverture de l'univers, la réévaluation perspectiviste de la singularité du point de vue.

Le décentrement de la Terre est l'aspect le plus évident de la conséquence astronomique de la définition cusaine de la nature en termes de mouvement. Elle va à l'encontre de toute l'astronomie telle qu'elle était pratiquée en son temps et dont *Le Traité de la sphère* de Jean de Sacrobosco

1. *Doct. Ignor.*, II, 11, 156 (HDG, p. 99, 19-21/Caye, p. 148).
2. *Ibid.*
3. *Ibid.*
4. *Ibid.*

en est le meilleur représentant[1]. Ecrit dans la première moitié du XIIe s., ce manuel d'astronomie reprenait l'ensemble des conclusions astronomiques disponibles, y compris celles qui ont été développées dans le monde arabe. Il vient heureusement compléter le cursus des arts libéraux dès le XIIIe s. en ce qu'il présente, sous une forme assez dense, la théorie géocentrique de l'univers. Contrairement aux analyses de Freud, le « décentrement de la Terre » impliquant le décentrement de l'homme qui y réside, ne constitue en rien une blessure narcissique[2]. Selon la conception antique et médiévale, le centre de l'univers est en effet le lieu le plus bassement matériel de la création[3]. Le décentrement de la Terre chez Nicolas de Cues marque au contraire l'ouverture d'une nouvelle conception de l'univers : « il n'est pas vrai que la Terre soit le plus vil et le plus bas des astres », elle est « donc noble et sphérique »[4].

Le deuxième aspect de la vision cusaine du monde concerne l'infinité de l'univers. Il s'agit là d'une conséquence de l'absence du centre immobile du Tout. À partir du moment où le mouvement atteint également le « centre », celui-ci n'est plus le minimum absolument simple et en repos qui coïncide avec le maximum. Puisqu'il n'a plus de centre, il n'a pas non plus de circonférence, ou mieux, seul Dieu est à la fois son centre et sa circonférence. Le cosmos est donc infini, sans être cependant l'infini en acte de son Créateur. Il est dès lors possible d'appliquer à l'univers, ce que Jean de Sacrobosco, à la suite du *Livre des XXIV Philosophes* attribuait

1. *Cf.* L. Thorndike, *The Sphere of Sacrobosco and its Commentators*, Chicago, University of Chicago Press, 1949 ; R. Sorabji, *Time, Motion and the Continuum, Theories in Antiquity and the Early Middle Ages*, Ithaca, N. Y., Cornell University Press, 1983; *id.*, *Matter, Space and Motion, Theories in Antiquity and their Sequels*, Ithaca, N.Y., Cornell University Press, 1992 ; M.-P. Lerner, *Le monde des sphères*, Paris, Les Belles Lettres, 1996 ; pour une version très ramassée et en contexte, voir nos notes à notre traduction d'Albert le Grand, *Métaphysique* XI, 2-3, « Sic et Non », Paris, Vrin, 2009.

2. S. Freud, « Une difficulté de la psychanalyse », dans *Pour introduire le narcissisme*, trad. inédite de l'allemand par O. Mannoni, Paris, Petite Bibliothèque Payot, 2012, p. 125 : « la position centrale de la Terre était pour [l'homme] une garantie du rôle dominant qu'elle tenait dans le cosmos, et semblait en harmonie avec la tendance de l'homme à se sentir comme le maître de cet univers [...]. Mais lorsque [la grande découverte de Copernic] rencontra l'approbation de tous, l'amour-propre humain eut subi sa première vexation, la *vexation* cosmologique ».

3. Voir les travaux de R. Brague, en particulier *Le propre de l'homme. Sur une légitimité menacée*, Paris, Flammarion, 2013, p. 16-18.

4. *Doct. Ignor.*, II, 12, 164 (HDG, p. 104, 16/Caye, p. 153).

seulement à Dieu : le monde devient un univers infini, dont le centre est partout et la circonférence nulle part[1].

Comme nous l'avons vu à propos de la Terre, qui acquiert, de ce fait, une certaine noblesse, le décentrement permet une réévaluation du point de vue subjectif de l'homme. Il est la marque d'un authentique humanisme[2]. La singularité du point de vue est une conséquence directe des deux éléments précédents : « les réalités de l'univers se distinguent par degrés les unes des autres, si bien que nulle d'entre elles ne coïncide avec une autre »[3]. Mais parmi toutes ces singularités, seul l'homme possède l'intellect[4] ; il est donc une singularité subjective par excellence. Ce recentrement sur l'homme est particulièrement souligné dans le traité *du Béryl*. Reprenant à deux reprises le mot de Protagoras : « l'homme est la mesure de toutes choses », l'évêque de Brixen lui donne une signification toute nouvelle. L'homme est en effet le seul à pouvoir donner un sens complet à la création, puisqu'il peut à la fois mesurer les choses sensibles grâce à ses sens, saisir les choses intelligibles grâce à son intellect et atteindre, dans une certaine mesure, les choses supra-intelligibles « par voie de dépassement »[5]. La position de l'homme devient ainsi centrale. De fait, des activités apparemment triviales, comme le jeu ou la chasse[6], peuvent révéler la Sagesse à l'œuvre dans le monde et sont le lieu possible de conjectures.

1. « De là vient que la machine du monde aura, pour ainsi dire, son centre partout et sa circonférence nulle part, puisque son centre et sa circonférence sont Dieu, qui est partout et nulle part », *Doct. Ignor.*, II, 12, 160-162 (HDG, p. 102, 21-104, 2/Caye, p. 152) ; voir *Livre des XXIV Philosophes*, 2, éd. et trad. F. Hudry, Grenoble, Jérôme Millon, 1994, p. 93 (2e éd. : Paris, Vrin, 2009).

2. Sur l'équivocité de ce terme, consulter R. Brague, *Le propre de l'homme*, « Ascension ou chute de l'humanisme », *op. cit.*, p. 9-37 ; O. Boulnois, « La dignité de l'image ou l'humanisme est-il métaphysique ? », *in* P. Magnard (éd.), *La dignité de l'homme, Actes du Colloque tenu à la Sorbonne-Paris IV en novembre 1992*, Paris, Honoré Champion, 1995, p. 103-123.

3. *Doct. Ignor.*, III, 1, 182 (HDG, p. 119, 14-15/Caye, p. 166).

4. « Dans une position légèrement inférieure aux anges » note cependant notre Cardinal, *Doct. Ignor.*, III, 3, p. 174. Le Christ est le seul à être « la mesure de l'homme et de l'ange », d'après une citation de l'Ap 21,17. Mais il convient de noter qu'à l'instar de Jean Scot Erigène, l'homme tient une place privilégiée par rapport à l'ange puisqu'il est le seul être intellectuel dans lequel s'effectue l'union du sensible et de l'intelligible (« enveloppant la nature à la fois intellectuelle et sensible, et resserrant en son sein toutes les réalités de l'univers », p. 174-175), selon l'harmonie du microcosme et du macrocosme.

5. « In excessu attingit », *De Ber.*, 6 (HDG, p. 8, 3/Corrieras, p. 17).

6. Voir les analyses de J.-M. Counet, *Conj.*, p. XXV. Chez le Cusain, on note une nette réévaluation des arts dits « mécaniques ».

Mais la position de tel ou tel homme devient également centrale. C'est l'expérience de l'omnivoyant à laquelle Nicolas de Cues convie des moines de Tegernsee dans le *De Visione Dei* (*La vision de Dieu*). Et pour que l'expérience soit la plus complète, le Cardinal accompagne son ouvrage d'une copie d'un tableau de Rogier van der Weyden. Le but du Cusain est très clair. Il s'agit de mener « par des voies humaines aux choses divines » :

> Or, parmi les productions humaines, je n'ai rien trouvé de plus convenable à mon dessein que l'image d'un omnivoyant dont le visage est peint avec un art si subtil qu'il semble tout regarder à l'entour [...]. Fixez-le où vous voulez, par exemple au mur nord. Vous, frères, placez-vous tout autour, à égale distance du tableau et regardez-le : de quelque côté qu'il l'examine, chacun de vous fera l'expérience d'être comme le seul à être vu par lui. Au frère qui se trouve à l'est, il paraîtra regarder vers l'est; à celui qui se trouve au sud, vers le sud, et à celui qui se trouve à l'ouest, vers l'ouest [1].

L'expérience de l'omnivoyant est une autre manière de montrer comment l'homme est véritablement « mesure de toute chose ». Chaque individu singulier expérimente la centralité de sa position en se sentant, unique, seul être sous le regard de Dieu. C'est ce regard qui donne à l'individu sa place dans l'univers. C'est ce regard qui fait que chaque regard particulier est, d'une certaine manière, le regard du Tout : « la réduction la plus simple coïncide donc avec l'absolu [...]. Ainsi, la vision absolue est dans tout regard, puisque c'est par elle qu'est toute vision réduite et que celle-ci ne peut aucunement exister sans elle » [2]. On voit ainsi comment est réinterprétée la pensée relativiste de Protagoras, de la même manière que doit être entendue toute pensée « perspectiviste » : la centralité du regard subjectif n'a de sens qu'en tant qu'elle est portée par le regard absolu qu'elle ne possède pas en propre. Nous retrouvons ici la même réflexion qui marquait le statut des mathématiques dans la méthode transsomptive : le regard ou la conceptualisation de l'homme n'a de sens que dans une théologie qui, ultimement, aboutit à Dieu. La position de l'homme n'est centrale qu'en tant qu'elle est premièrement et d'emblée décentrée. L'homme est un point de contraction de l'univers parce que ce dernier a été développé en lui; le voyant singulier est un centre duquel tout peut partir parce qu'il est lui-même vu par l'omnivoyant. Chaque point de vue est singulier et légitimement fondé à la centralité – la multiplicité, en soi,

1. *De Vis. Dei*, Préface, 2, (3-13)-3, (1-6) (HDG, p. 5/LBL, p. 4-5).
2. *De Vis. Dei*, II, 7 (HDG, p. 11-12/LBL, p. 11).

en indique déjà la relativité –, parce que Dieu dont le centre coïncide avec la circonférence confère la coïncidence de la centralité et de la circonférence au monde. Dans la dimension perspectiviste qui s'ébauche dans les arts au temps de Nicolas de Cues, ce dernier soutient, certes, la centralité de la vision du spectateur, mais seulement en tant qu'elle n'est pas l'ultime point de vue du tableau.

Image et espace mystagogique

Le rapport qu'entretient Nicolas de Cues avec le développement de la perspective de son temps a particulièrement été mis en valeur par Johannes Hoff, dans son ouvrage intitulé *The analogical Turn*[1]. C'est en 1435 que paraît l'ouvrage majeur et fondateur de la perspective de la Renaissance, le *De pictura* de Leon Battista Alberti (1404-1472). Puisant aux sources de l'optique arabe, en particulier celle d'Alhazen (965-1039)[2] et à son prédécesseur immédiat, le philosophe et mathématicien Blaise de Parme (v. 1355-1416)[3], Alberti a posé les bases de la perspective dans le domaine pictural et ainsi révolutionné la manière de construire un tableau, d'instaurer le rapport de celui-ci au spectateur et plus encore, modifié la vision de l'espace[4]. Le point de départ d'Alberti est l'usage des mathématiques[5]. Il développe une analyse approfondie du phénomène de

1. J. Hoff. *The Analogical Turn*, *op. cit.* (j'emprunte à l'auteur la notion de « mystagogical concept of space », p. 70). Consulter également du même auteur, *Kontingenz, Berührung, Überschreitung. Zur philosophichen Propädeutik christlicher Mystik nach Nikolaus von Kues*, Freiburg i. Br., Albert, 2007.

2. Connu notamment par son *De Aspectibus*. Voir *Le septième livre du traité* De aspectibus *d'Alhazen*, introd., éd. critique, trad. et notes par P. Pietquin, Bruxelles, Académie Royale de Belgique, 2010.

3. Philosophe et astronome, Blaise de Parme a été l'un des premiers à introduire une réflexion sur la perspective dans l'art pictural, voir notamment ses *Questiones super perspectiva communi*, éd. G. Federici Vescovini et J. Biard, « Textes philosophiques du Moyen Âge », Paris, Vrin, 2009.

4. La *perspectiva artificialis* fait clairement sortir l'homme de la dimension médiévale. Elle prépare la *Dioptrique* de Descartes. Voir G. Simon, « La théorie cartésienne de la vision, réponse à Kepler et rupture avec la problématique médiévale », *in* J. Biard & R. Rashed (éd.), *Descartes et le Moyen Âge. Actes du colloque organisé à la Sorbonne (4-7 juin 1996) par le CHSPAM*, Paris, Vrin, 1997.

5. Leon Battista Alberti, *De Pictura*, traduit du latin et présenté par D. Sonnier, Paris, Éditions Allia, 2007 ; voir également *De pictura (1435). De la peinture*, préface, trad. et notes par J.-L. Schefer, introd. par S. Deswarte-Rosa, Paris, Éditions Macula, 2014. L'auteur se défend d'écrire en mathématicien, mais plutôt comme un peintre (I, 1, éd. Schefer p. 91).

la vision, (la pyramide visuelle, le rôle de la réception de la lumière dans l'apparence déformée des surfaces) et présente une ébauche de la théorie des couleurs. S'appuyant sur les travaux de Blaise de Parme qui cherche à reconstruire le vu selon des règles de proportionnalité et sur les expériences de Brunelleschi (1377-1446)[1], Alberti introduit une nouvelle conception de l'espace. Tout comme ses inspirateurs, la présentation de sa théorie de la perspective est avant tout celle d'un ingénieur: la construction de la composition, notamment celle des personnages sur le damier perspectif, implique une certaine créativité des procédés et une ingéniosité des instruments. L'effet de la *perspectiva artificialis* est de reconstruire l'espace à partir du point de vue de l'observateur, ce dernier étant conduit à une place précise par l'artifice de la représentation. Sous couvert d'un plus grand naturalisme, comme le montre la superposition de l'image naturelle et de l'image artificielle dans l'expérience de Brunelleschi, la perspective développée par le milieu florentin de la Renaissance italienne conduit à une construction représentative dans laquelle la réalité est bâtie autour d'un point de vue désincarné. Ainsi, selon O. Boulnois,

> défini par la représentation (qu'il permet de construire), l'observateur est réduit à une simple place, déterminée par le tableau, à distance fixe de lui : celle du peintre qu'il est appelé à reprendre. Le « point que la perspective assigne (Pascal) » construit un moi anonyme, invisible, sans corps, sans étendue et pourtant *supposé* par la représentation[2].

Chez Nicolas de Cues, le rapport à la perspective est similaire à son usage des mathématiques. Il s'appuie sur les nouvelles réflexions qui marquent les théories de la vision de son temps telles qu'elles sont appliquées à l'art pictural et monumental tout en les dépassant. Il y a en effet quelque chose de similaire dans la démarche première de Nicolas de Cues et d'Alberti, que Charles H. Carman a bien mis en valeur[3].

1. Pour une étude de ces expériences, voir H. Damisch, *L'origine de la perspective*, Paris, Flammarion, 1987.

2. O. Boulnois, *Au-dela de l'image. Une archéologie du visuel au Moyen Âge. Ve-XVIe siècles*, « Des Travaux », Paris, Seuil, 2008, p. 395.

3. C. H. Carman, *Leon Battista Alberti and Nicholas Cusanus. Towards an Epistemology of Vision for Italian Renaissance Art and Culture*, Burlington, Ashgate, 2014, p. 64 : « Alberti and Cusanus direct the reader to the material, perceptible world ». Cependant, l'auteur nous semble aller beaucoup trop loin dans ce rapprochement : il est difficile de voir le perspectivisme d'Alberti, et plus généralement le naturalisme, comme supposant les implications de la coïncidence des opposés. Mais il serait également naïf de conclure que toute construction perspectiviste exclut d'emblée l'ouverture à l'espace divin. Ainsi, si la *Vierge du chancelier*

Le Cusain, tout comme le Florentin, travaillent sur la visibilité du monde matériel. Nicolas, comme le montre notamment la figure P des *Conjectures* qui cherche à expliquer le lien participatif de l'homme à Dieu, s'appuie sur une structuration de la réalité : c'est dans le miroir de l'univers et en l'homme que s'effectue la recherche de l'invisible. Mais la pensée cusaine, si elle semble tout d'abord s'accommoder de cet usage perspectiviste, notamment par son utilisation des lignes mathématiques, s'en éloigne cependant profondément en son fondement. Pour Nicolas de Cues en effet, il n'existe pas de point de vue absolu humain qui constituerait le lieu de passage obligé d'une aperception du monde. Chaque élément créé se présente comme le lieu contracté de la puissance absolue de Dieu : la capacité germinative des formes est la marque de la puissance créatrice de Dieu, selon un concept de puissance plus plotinien qu'aristotélicien. Chaque élément créé, et en particulier l'homme, image plutôt que vestige, est un « vivant miroir de l'univers », pour reprendre l'expression de Leibniz[1]. Il renvoie à son auteur, à sa puissance à la fois créatrice et actuellement réalisée. Nulle place pour une construction artificielle dans un espace réellement construit selon un point de vue qui toujours nous échappe et qui ne peut être atteint, celui d'un lieu invisible de visibilité.

Que ce soit par sa conception des mathématiques, par ses thèses astronomiques ou par sa vision perspectiviste du monde, Nicolas de Cues apparaît sans doute comme un humaniste paradoxal, qui ne met pas l'homme au centre de son univers. Si Dieu est « une sphère dont la circonférence est partout et le centre nulle part », l'homme est fondamentalement « décentré » ou plutôt, le centre qu'il se donne ne peut être qu'un centre artificiel. Il ne lui est pas non plus loisible de « se mettre à place de Dieu » car aucun centre ne peut être attribué à la position divine. Devenir le centre du monde, pour l'homme, ce serait briser les rapports spatio-temporels qui l'enchaînent et aller à l'encontre de sa nature. Aucune construction humaine n'atteint donc la réalité des choses : tout raisonnement doit être conduit à sa limite pour atteindre le « mur de la coïncidence », un mur que le pur raisonnement discursif ne permet pas de dépasser; toute étude de

Rolin de van Eyck est bien bâtie selon les règles de la perspective, la pluralité des points de fuite corrige l'hyper-construction artificielle de l'espace. Par ailleurs, le traité d'Alberti insiste également sur la composition de l'*historia*, qui permet de corriger l'artificialité de la vision (O. Boulnois, *Au-delà de l'image*, *op. cit.* p. 397).

1. Leibniz, *Monadologie*, § 56, éd. E. Boutroux, Paris, Delagrave, 1920, p. 173. L'expression est reprise par S. Breton dans *Le vivant miroir de l'univers. Logique d'un travail de philosophie*, Paris, Cerf, 2006.

l'univers révèle le décentrement des choses ; toute vision personnelle n'est qu'une vision construite et fondamentalement artificielle si elle demeure au niveau humain. L'éclatement de la structure spatio-temporelle ne peut être atteint que par la venue de Dieu dans le cœur de l'homme et par la tentative toujours reprise, toujours impossible, de replacer sa vision dans celle de Dieu. Car la venue de Dieu dans le cœur de l'homme est la marque de l'infini au cœur de la finitude, de la toute-puissance dans la faiblesse et de la relativité de l'espace et du temps.

C'est la raison pour laquelle le rapport de l'homme à Dieu, pensé en termes de participation visuelle, comme dans le *De Visione Dei* ne trouve son plein achèvement que dans l'expression trinitaire, et surtout christologique. Unique médiateur entre les hommes et Dieu du fait de la conjonction, en lui, de la nature divine et de la nature humaine, vérité du rapport dans la filiation véritable, le Christ est le lieu de l'inscription de toutes les formes de l'univers tout en étant la parfaite image de Dieu [1]. Cette participation, encore pensée sur le modèle de la ressemblance et de l'image, unit en elle l'apparente contradiction de l'identité (le modèle) et de la dissemblance (l'image) : « Ce que je vois d'humain en toi, Jésus est la ressemblance de la nature divine. Mais ici la ressemblance rejoint *sans médiation son modèle*, si bien qu'elle ne peut être ni se concevoir plus semblable » [2]. C'est donc dans la contemplation de la face du Christ, point d'aboutissement du traité du *De Visione Dei* que l'homme comprend le rapport intime qui le lie à Dieu.

PARTICIPATION ET VISION DE DIEU.
LA *MANUDUCTIO* SPIRITUELLE DU *DE ICONA* OU *DE VISIONE DEI*

Ainsi, au décentrement de l'univers correspond, chez Nicolas, le décentrement de la vision unitive et forcée d'un spectateur absolu. Cette manière de procéder peut être dite « humaniste », non pas au sens où l'homme serait l'unique point de référence, mais au sens où l'humanité est

1. Voir la formule de Hoff : « As soon as the viewer realizes that she participates in an inconceivable "living mirror" she realizes that she does not behold God directly in the visible mirror that reflects her power of vision, but, inversely, that her act of vision is part of a created mirror that participates in the eternal mirror image of God, which is the divine Word (the "Son") », *The Analogical Turn*, *op. cit.*, p. 122.

2. *De Vis. Dei*, XX, 88 (HDG, p. 69/LBL, p. 93).

ouverte à Dieu[1]. La diversité des points de vue s'unifie non pas dans une perspective construite mais dans la vision de Dieu qui me renvoie à moi-même.

L'expérience du *Tableau ou de la vision de Dieu* marque particulièrement ce point. Le *De Icona* s'offre comme une *manuductio* spirituelle, une mystagogie : « je veux vous mener par des voies humaines aux choses divines » dit le Cardinal aux moines de Tegernsee dans sa Préface, ou encore, « je me propose de vous élever à la théologie mystique par un exercice de dévotion »[2]. L'expérience du Christ omnivoyant[3] s'exprime ainsi

1. Cette remarque nuance l'évaluation d'E. Cassirer, reprise par J.-M. Counet, pour qui « toutes les questions doivent s'envisager du point de vue de la connaissance humaine. Ce n'est plus Dieu en lui-même qui intéresse notre philosophe, mais Dieu comme objet possible de connaissance humaine. Nous touchons là, l'avènement de la modernité comme nouvelle approche philosophique du réel », « Introduction », dans *Conj.*, p. XLVII (qui cite *Individu et cosmos*, *op. cit.*, p. 17).

2. *De Vis. Dei*, Préface 2 et 4b (HDG, p. 5/LBL, p. 4 et HDG, p. 7/LBL, p. 7-8).

3. La question de l'image représentée sur le tableau envoyé aux moines est encore controversée, du fait de son absence de description, sans aucun doute voulue par l'auteur. La préface cite de nombreuses toiles présentant l'expérience de l'omnivoyant, montrant ainsi que c'est l'expérience elle-même qui intéresse Nicolas de Cues et non pas l'image en tant que telle : « on trouve de nombreuses et excellentes peintures représentant de tels visages : celle du Sagittaire, place de Nuremberg ; celle que le très grand peintre Roger a exécutée dans le si précieux tableau qui se trouve au tribunal de Bruxelles, celle de la Véronique dans la chapelle de Coblence ; celle de l'Ange qui tient les armes de l'Église, dans le château de Brixen et bien d'autres ailleurs », *De Vis. Dei*, « Préface », éd. cit. p. 4. Notons que dans cette liste, tous les sujets ne sont pas religieux et qu'ils sont particulièrement variés, ce qui montre bien que seule l'expérience de l'omnivoyance qui mène à la coïncidence des opposés du voir et de l'être vu intéresse Nicolas de Cues. Parmi toutes les possibilités envisagées, il est traditionnel d'insister sur le tableau de Rogier van der Weyden (vers 1400-1464), disparu dans « l'incendie du Palais de l'Hôtel de Ville de Bruxelles, connu par une tapisserie conservée au Musée historique de Berne, représentant *La justice de Trajan* » (A. Minazzoli, *De Vis. Dei*, *op. cit.* (LBL), n. 1, p. 4, qui cite E. Panofsky, « *Facies Illa Rogeri maximi pictoris* » *in* K. Weitzmann (ed.), *Late Classical and Mediaeval Studies in Honour of Albert Mathias Friend*, Princeton, Princeton University Press, 1954, p. 392-400 et E. Vansteenberghe (corriger la référence d'A. Minazzoli), *Autour de la docte ignorance*, Münster, Aschendorff, 1915, p. 116). Cependant, compte tenu de la thématique globale de l'ouvrage et de sa progression mystique jusqu'à la vision de la face du Christ (chap. XXV : « Jésus est l'achèvement »), il est plus vraisemblable d'imaginer la face d'un Christ omnivoyant, représentée sur le voile tendu de Sainte Véronique. Non seulement cette représentation est celle à laquelle le Cardinal a le plus facilement accès (« dans ma chapelle de Coblence »), mais elle s'inscrit dans une tradition picturale largement exploitée. Véronique est la « vraie icône » (*vera icona*) qui, selon la légende aurait essuyé de son voile le visage du Christ dans la montée au calvaire (notons le développement des chemins de croix dans les églises franciscaines à

comme une «perspective à l'envers» dans laquelle le point de vue divin absolu remplace le point de la construction. L'expérience est emblématique de la *Docte ignorance* : elle débute par une expérience collective («Placez-vous tout autour, à égale distance du tableau et regardez le»), se poursuit par un étonnement collectif («vous vous étonnerez»), se continue par une expérience individuelle qui aboutit, derechef, à un étonnement («il ira se placer à l'ouest», «il s'étonnera du mouvement de ce regard immobile») et s'achève enfin par une nouvelle expérience inter-subjective («il demandera à un confrère d'aller d'est en ouest» et «il apprendra de ses oreilles que le regard s'est aussi déplacé dans le sens opposé; alors il le croira»)[1]. Cette expérience est cependant loin d'être achevée. Le spectateur a fait l'expérience d'une sortie de son regard individuel jusqu'à une certaine vision de l'absolu; mais il l'a faite de manière discursive, en faisant varier d'abord son propre point de vue, puis celui de ses «frères», qui sont autant de points de vue particuliers différents. C'est le sens de la mystique cusaine qui ne se réduit pas à un simple sentiment d'élévation vers Dieu mais nécessite une «docte» connaissance. Nous sommes avertis du caractère encore initiatique de cette expérience par l'usage de l'ouïe qui n'égale pas encore la véritable vision et qui marque la nécessité de la démarche discursive. Celle-ci n'est qu'un préliminaire de l'intellectualité de l'œil mental, ainsi que le rappelle le texte de l'*Apologie de la docte ignorance* :

> Car il ne s'aperçoit pas que la docte ignorance concerne l'œil mental et l'intellectualité pure. Et c'est pourquoi elle renonce à tout raisonnement discursif, elle qui conduit à la vision, et son témoignage relève de la vue [...]. En revanche celui qui s'enquiert de la vérité par le témoignage de

partir du XIVe siècle). Un grand nombre de représentations de sainte Véronique tenant le voile sur lequel figure l'image *acheiropoieta* (fabriquée sans mains) du Christ sont produites et parmi elles, celle du célèbre peintre Hans Memling (1435/40-1494) qui réalise son dyptique de saint Jean-Baptiste et de sainte Véronique entre 1480 et 1483. La *Vera Icona* de Van Eyck (avant 1390-1441), quoique ne représentant pas sainte Véronique, s'inscrivait dans la même mouvance (1438, 1439 et 1440). L'original est perdu mais il en reste une copie au musée Groeninge de Bruges. Il a par ailleurs été l'inspirateur de la *Tête du Christ* du peintre Petrus Christus (Metropolitan Museum of Art à New York). Sur cette interprétation, voir Hoff, *The analogical Turn*, *op. cit.* p. 28 et H. Belting, *Bild und Kult. Eine Geschichte des Bildes vor dem Zeitalter der Kunst*, Munich, Beck, 1990. L'hypothèse d'une sainte Véronique est très séduisante car elle mettrait parfaitement en scène l'idée selon laquelle Véronique, vraie image de la puissance créatrice du Verbe, dévoile la vraie icône de Dieu, le Christ, réalisant ainsi l'union du voir et de l'être vu dans une image qui n'est pas «faite de main d'homme».

1. *De Vis. Dei*, Préface, 3 (HDG, p. 6, 17-23/LBL, p. 6-7).

> l'ouïe engage un processus discursif – comme quand par exemple nous sommes guidés plus communément par la foi, qui relève de l'ouïe. Par conséquent, si quelqu'un objectait : lorsque tu soutiens que le témoignage de la vue est plus certain, parce qu'il démontre sans aucune argumentation ni démarche discursive, tu nies donc qu'un autre témoignage existe, celui de l'ouïe, ainsi que tout le raisonnement discursif, son objection ne serait nullement valide. Car jusqu'à présent la logique et toute l'investigation philosophique ne sont pas encore parvenues à la vision [1].

Ce texte de l'*Apologie* est important. Il nous montre que dans le Prologue du *De icona*, le lecteur n'est encore que dans l'antichambre de la remontée vers la vision de Dieu. Le regard de cette première expérience n'est encore que celui de la vision abstractive. Il se poursuit par l'expérience partagée par l'ouïe et par le langage humain qui conduit à la foi (« alors il le croira »). Cet exercice discursif qui aboutit à la foi, au sens d'Augustin[2], n'est pas dénué de scientificité, bien au contraire. Mais il n'est pas encore « un exercice de la dévotion »[3]. Le dernier paragraphe de la Préface montre bien le subtil basculement de la vision abstraite à la vision absolue, du discursif à la coïncidence, du regard réduit (*contractus*) au regard universel qui dépasse la particularité de tel ou tel point de vue, ouvrant ainsi un espace mystagogique. Le spectateur se met à la place du Regard, qui est à la fois particulier et universel (« ce regard suit aussi bien un mouvement particulier que tous à la fois ») : en lui vision et amour coïncident puisqu'il veille « avec un soin extrême à la plus petite créature comme à la plus grande et à la totalité de l'univers ». Le spectateur qui se sait participé et participant fait ainsi l'expérience de la Providence de l'omnivoyant. Il est prêt à s'élever à la « théologie mystique »[4], qui constitue la finalité de l'ensemble du petit traité.

1. *Ap. Doct.* (HDG, p. 14, 14-25/Bertin, p. 46).

2. « Il faut donc appeler divine l'autorité qui non seulement transcende, dans ses manifestations sensibles, toute puissance humaine, mais encore, en dirigeant l'homme lui-même, lui montre jusqu'à quel point elle s'est abaissée pour lui. Elle ordonne aussi de ne pas s'en tenir aux sens, à qui s'adressent les prodiges dont je parlais, mais de s'élever jusqu'à l'intelligence », Augustin, *Dialogues philosophiques. De ordine. L'ordre*, IX. 26, BA 4.2, Paris, Institut d'Études Augustiniennes, 1997, p. 410-411.

3. « Per quandam praxim in mysticam theologiam elevare », *De Vis. Dei*, Préface, 4a (HDG, p. 7, 11-14/LBL, p. 7).

4. *De Vis. Dei*, Préface, 4a (HDG, p. 7, 13/LBL, p. 7).

De fait, c'est bien sur cette expérience que débute le premier chapitre de l'ouvrage. Dieu est véritablement Regard car il est *theos*, autrement dit, selon cette étymologie incertaine chère au Pseudo-Denys[1], à la fois Dieu (*theos*) et regardant (de *theôrein*, contempler). Sans pouvoir fournir une lecture suivie du *De Visione Dei* dans cette introduction, soulignons qu'il n'est guère possible de comprendre l'importance de la vision de Dieu, au double sens objectif et subjectif du génitif, si l'on ne prête pas attention à la progressive construction de l'espace initiatique qui lie le « je » du *De Visione* au « toi » divin. L'expérience mystique qui ne débute réellement qu'au premier chapitre du traité après la nécessaire mise en marche cognitive vers l'appréhension divine de la Préface, est d'abord une expérience personnelle fondée sur « la vision ». On ne peut manquer de remarquer qu'elle suit le même mouvement que les *Confessions* de saint Augustin, dont elle reprend, assez explicitement, plusieurs thématiques et formules[2]. Nicolas en suit notamment plus ou moins le plan initiatique : chez Augustin, le moi s'adresse d'abord à Dieu. Mais c'est pour y retrouver le frère. Chez Nicolas de Cues, l'écriture du traité s'adresse au « frère »[3] afin que dans la lecture du rapport du « moi » au « toi », le frère puisse trouver dans le « moi », le « toi » divin[4] ; la construction du traité révèle une relation de Dieu à mon être, ce dernier étant plus intime à moi que moi-même afin qu'en moi, je puisse le retrouver Lui et qu'en Lui, je puisse me retrouver moi-même, autrement dit trouver mon salut dans mon union à Lui ; ce « retour » dans l'intimité de Dieu s'achève à la fin de l'ouvrage et permet,

1. Voir *Noms Divins*, XII, 3, 972A.

2. Notamment « Mais, surtout, comment te donneras-tu à moi, si tu ne m'as pas donné moi-même à moi-même ? (*immo quomodo dabis tu te mihi, si etiam me ipsum non dederis mihi ?*) », *De Vis. Dei* VII, 25 (HDG, p. 26, 11-12/LBL, p. 30). Comparer avec l'ouverture des *Confessions* : « Je ne serais donc pas, ô mon Dieu, je ne serais absolument pas, si vous n'étiez en moi. Ou plutôt je ne serais pas si je n'étais en vous » (II, 2, trad. fr. P. de Labriolle, Paris, Les Belles Lettres, 1947, t. I, p. 4) et son achèvement, dans la re-création d'Augustin à l'image de la création divine, après le parcours des *Confessions* : « nous aussi, une fois accomplies nos œuvres, qui ne sont « très bonnes » qu'en tant que vous l'avez permis, nous nous reposerons en vous, dans le sabbat de la vie éternelle. Et alors vous vous reposerez en nous, tout comme aujourd'hui vous agissez en nous » (*Conf.*, *id.*, XXXVI, 51-XXXVII, 52, p. 407). L'intégration du « frère » qui a trouvé Dieu en Augustin par les *Confessions* s'exprime dans le passage du « je » au livre I au « nous » du livre XIII.

3. « Amantissimos fratres », *De Vis. Dei*, Préface, 4a (HDG, p. 7, 11-12/LBL, p. 7) ; « Accede nunc tu, frater contemplator » IV, 9 (HDG, p. 13, 3/LBL, p. 12).

4. Le rapport ternaire du moi, toi et Dieu qui modifie la structure spatio-temporelle est la construction sur laquelle reposent fondamentalement les *Confessions*.

précisément, ce qui était annoncé au tout début du traité : le lien d'amitié qui unit les hommes s'origine dans le Christ qui réside dans leur cœur :

> chaque esprit intellectuel voit en toi, mon Dieu, quelque chose dont la révélation permet seule aux autres esprits de t'atteindre, toi leur Dieu, de la meilleure façon possible. Ils se révèlent donc mutuellement les secrets de leur amour empli par l'esprit [...]. Et ils reposent tous en cet esprit comme au point ultime de la perfection de l'image de Dieu [1].

Comme chez Augustin également, ce rapport d'intimité s'exprime par une déstructuration totale de l'espace : Dieu étant l'univers, l'infiniment grand se trouve dans la particularité du moi[2]. Il ne s'agit donc pas seulement d'un « misty space »[3], aux contours volontairement mal définis, dans lequel l'homme laisse s'exprimer le non-exprimable, mais il s'agit plutôt d'un démembrement de l'espace dans lequel infini et fini coïncident : « et comment te donneras-tu à moi, dit Nicolas de Cues, si tu ne m'as pas donné également le ciel et la terre et tout ce qui s'y trouve ? »[4].

La différence avec Augustin réside cependant dans le « support » de l'expérience, dans le *medium* dans lequel se construit cette intimité entre moi et Dieu, autrement dit le regard. Seul l'œil intellectuel, l'œil de l'esprit, dans une formulation qui ressemblerait à s'y méprendre à celle de Hugues de Saint-Victor si ce dernier ne la réservait pas pour la vision *in patria*[5], peut atteindre la vision de Dieu, à entendre encore une fois au double sens du génitif, dans laquelle voir s'identifie à aimer, être, vivre, se mouvoir, faire, lire, etc. Là où Augustin parlait essentiellement d'un rapport construit sur l'amour, Nicolas insiste sur la vision. Cette distinction n'est

1. *De Vis. Dei* XXV, 117 (HDG, p. 88, 5-7/LBL, 122).

2. La déstructuration de l'espace est fondée sur l'inhabitation divine qui transforme les règles de l'être-dans : « Où Dieu puisse venir en moi, le "Dieu qui a créé le ciel et la terre" ? Se peut-il, Seigneur mon Dieu, qu'il y ait en moi quelque chose qui puisse vous contenir ? Est-ce que le ciel et la terre que vous avez créés, et au sein desquels vous m'avez créé, vous contiennent ? », *Conf.*, II, 2, éd. cit. p. 3.

3. Pour l'expression, voir J. Milbank, « The double Glory, or Paradox versus Dialectics : or not quite agreeing with Slavoj Žižek ? », *in* D. Creston (ed.), *The monstrosity of Christ. Paradox or Dialectics ? By Slavoj Žižek and John Milbank*, Cambridge, Mass. & London, The MIT Press, 2009, p. 111-233, en particulier p. 161-162.

4. *De Vis. Dei*, VII, 25 (HDG, p. 26, 9-11/LBL, p. 29-30). Il est bien certain que le rapport *complicatio/explicatio* chez le Cusain dépasse la déstructuration spatio-temporelle augustinienne.

5. Tandis que « l'œil charnel » désigne la vision pérégrine chez Hugues de Saint-Victor, il est l'expression de la vision « contractée » chez Nicolas de Cues.

pas sans intérêt pour caractériser le « moment » dans lequel évolue Nicolas de Cues. La coïncidence de l'aimer et de l'être aimé chez Augustin laisse la place à la coïncidence du voir et de l'être vu chez Nicolas. Elle correspond sans doute mieux à sa conception de la théologie symbolique héritée du miroir paulinien, qui était interprétée, chez Augustin comme chez Bonaventure, en termes de charité. Elle marque également davantage le rôle dévolu aux mathématiques et à la réponse à la dimension perspectiviste de son temps. Pour autant, cette apparente différenciation n'est pas discriminante car la première équivalence du voir construite par Nicolas est bien celle de l'aimer puisque toute vision de moi de la part de Dieu est une vision constamment « attentive », jusqu'à cette formulation dans laquelle aimer et voir s'appellent l'un l'autre : « tu m'étreins continûment dans ta vision »[1].

Le rapport du Créateur à sa créature peut être pensé à l'aide de plusieurs paradigmes, le plus souvent celui de l'amour et de l'intellection. Définir la création comme auto-donation du moi dans un acte d'amour ou comme une production intellective permettant de rendre compte à la fois du caractère formel et efficient de la causalité créative sont deux modèles classiques. Notons cependant que le rapport du voir au penser est un paradigme courant dans le néoplatonisme et qu'il vient d'ailleurs d'Aristote, qui utilise le phénomène de la vision comme modèle explicatif de l'acte d'intellection[2]. Il demeure que transférer, comme le fait Nicolas de Cues, à la vision, ce qui revient habituellement à la production intellective, est tout à fait original, même s'il repose sur l'étymologie déjà posée par le Pseudo-Denys du Dieu contemplateur[3]. Il ne peut se comprendre qu'en assimilant

1. *De Vis. Dei*, IV, 11 (HGD, p. 15, 11/LBL, p. 15) ; de même « Domine, videre tuum est amare » (IV, 10, HDG, p. 14, 2-3).

2. Aristote, *De Anima* III, 5, 430a15-16. L'adéquation intellection/vision ne concerne pas seulement le néoplatonisme ; ainsi, Averroès, dans son grand commentaire au *De Anima* (III, 5) fonde toute sa réflexion sur l'intellect agent et l'acte matériel sur le modèle du voir : *Averrois Cordubensis Commentarium Magnum in Aristotelis de Anima libros*, recensuit F. Stuart Crawford, Cambridge, Mass, The Mediaeval Academy of America, 1953, p. 401, l. 400 *sq.* (trad. fr. : *L'intelligence et la pensée. Grand commentaire du « De Anima », Livre III (429a10-435b25)*, trad., introd. et notes par Alain De Libera, Paris, GF-Flammarion, 1998, p. 70).

3. Comme le remarque L. Dupré, « Cusanus innovatively combines the Christian doctrine of the image of God with a Neoplatonic negative theology. In the resulting synthesis the two theologies, far from restricting each other, reinforce each other », *in* « Nature and Grace in Nicholas of Cusa's Mystical Philosophy », *American Catholic Philosophical Quarterly* 63, 1990, Special Issue Nicholas of Cusa, Louis Dupré (ed.), p. 153-170, à la page 158.

l'ensemble des équivalences posées par le Cusain dans l'acte divin du voir : voir c'est aimer et donc maintenir dans l'être, autrement dit, donner la vie[1] ; c'est donc également faire, appeler et mettre en mouvement tout en se mouvant soi-même[2]. Au chapitre V du *De Visione Dei*, le « je » voit et comprend l'antécédence de la vision subjective de Dieu qui est la marque de la grâce : « nul ne peut se tourner vers toi si tu n'es pas déjà présent »[3], quoique le texte souligne déjà la coïncidence du voir et de l'être vu : « Qu'est-ce que voir, pour toi, Seigneur, quand tu me regardes avec l'œil de ta bienveillance, sinon être vu par moi ? »[4]. Mais le chapitre XII qui marque le basculement dans l'infini – le chapitre s'achève sur la relativisation du créateur[5] – présente la thèse selon laquelle Dieu se crée lui-même dans l'acte créateur, thèse sans doute empruntée au *Periphyseōn* de Jean Scot Erigène[6]. Or « la coïncidence entre le créer et l'être créé » naît précisément du paradigme de la vision qui surgit lorsque l'on pense au Dieu visible et invisible, invisible puisqu'il est *Deus absconditus*, mais visible puisque l'existence de la créature dépend de cette visibilité.

C'est donc à travers la vision que Nicolas de Cues résout la difficulté du rapport Créateur/créature impliquant une dualité non-réciproque[7]. L'échange des regards suppose la réciprocité qui marque l'immanence nécessaire du Créateur dans sa création. Cette immanence n'est pas celle du miroir dans lequel Dieu se contemplerait, même s'il s'agit d'une voie que l'homme peut explorer[8], puisque le miroir de la création est ce qui est

1. *De Vis. Dei*, V (HDG, p. 17-19/LBL, p. 17-20).

2. Aux antipodes de la conception aristotélicienne du premier moteur.

3. *De Vis. Dei*, V, 15, (HDG, p. 19, 16/LBL, p. 20)

4. *De Vis. Dei*, V, 13 (HDG, p. 17, 11-12/LBL p. 17).

5. *De Vis. Dei*, XII, 50 (HDG, p. 43, 8-9/LBL, p. 54) : « Tu n'es donc pas le créateur mais tu es plus que le créateur, dans l'infini, bien que sans toi rien n'adviendrait ni ne pourrait advenir ».

6. Jean Scot Erigène, *Peri.*, I, 452A (éd. Jeauneau, CCCM 161, p. 17) et surtout 453D : « la Nature divine, qui n'est rien d'autre que l'intention de la Volonté divine, est donc dite être créée dans tous les existants », trad. F. Bertin, p. 83 (éd. Jeauneau, *ibid.*, p. 20, 493-494).

7. Voir notre article « Creation » avec D. Burrell, *in* T. Pruegl & J. Wawrykow (eds.), *The Cambridge History of Medieval Theology 1050-1500*, Cambridge, Cambridge University Press (à paraître).

8. *De Vis. Dei*, XII, 48 (HDG, p. 42, 5-6/LBL, p. 52) : « Il me vient parfois à la pensée que tu vois toutes choses en toi, comme un miroir vivant où tout se réfléchit ». De ce point de vue, le *De icona* semble aller plus loin que le *Complément théologique*, pourtant vraisemblablement écrit la même année (1453) qui reprend l'intuition de Thémistius commentant Aristote et qui sera ensuite développée par toute la tradition médiévale, selon laquelle Dieu n'ignore pas le monde créé puisqu'il se voit en lui comme sa cause : « car on ne voit parfai-

offert à l'homme *viator* plutôt qu'à Dieu. Ce dernier au contraire se voit comme développant la potentialité germinative des formes, potentialité dont il est lui-même l'auteur. Cette potentialité se définit comme puissance absolue. Dès lors, si Dieu se crée bien lui-même comme il se voit lui-même, puisqu'il se voit créateur ou mieux, créant, plutôt qu'ayant créé, il fait l'expérience de sa puissance absolue qui est la marque de sa perfection. La vision subjective de Dieu transcende ainsi sa vision objective au point où il ne se voit plus seulement créateur mais puissance absolue, autrement dit, vision absolue. Dieu se fait ainsi pur Regard[1], remplissant sa condition de *contemplateur* (*theos*), dépassant la dualité du Créateur et de la créature, et par conséquent, la dualité du créateur créant et du créateur créé. C'est en dépassant la coïncidence du voir et du vu dans une vision « sans voile » que la créature peut sortir du mur dans laquelle est enclose la nature du voyageur et pénétrer dans « le jardin » de la béatitude, là où la vision se fait vision de l'invisible. Une telle vision n'est possible que si le voyageur emmuré s'élève à l'infinie puissance divine et comprend que dans le passage à l'infini, le créateur est « plus que le créateur »[2], retrouvant ainsi l'équivocité hyperbolique qui transcende langage affirmatif et langage négatif.

Il y a donc bien une progressivité réelle dans le traité du *De Visione Dei* qui est la marque de l'élévation mystique de l'âme, dans la vraie tradition dionysienne. C'est par la compréhension de l'infini, qui s'exprime dans la vision de Dieu qui transcende la dichotomie créer/incréé que le myste atteint le « mur de la coïncidence »[3] et s'élève à la vision de l'invisible.

tement le créé, en tant que créé, que si on voit le Créateur. Et on ne voit parfaitement l'effet, en tant qu'effet, que si on voit aussi la cause. *C'est en se voyant en tant que cause qu'il voit tous ses effets. Et c'est en voyant ses effets en tant qu'effets qu'il se voit aussi lui-même en tant que cause* » (*Th. Comp.* XIV, HDG, p. 82, 18-19/Bertin, p. 129, c'est nous qui soulignons). Certes, dans le *De Visione Dei*, c'est bien en se comprenant comme puissance absolue à partir des puissances germinatives créées que Dieu se saisit comme puissance infinie, mais il nous semble que la présentation du *Complément* ne permet pas de transcender l'opposition créer/se créer dans l'incréé en dépassant la notion même de création ; de même, l'entrée dans le jardin exprime, pour l'homme, la sortie du statut de pure créature.

1. *De Vis. Dei*, XII, 49 (HDG, p. 42, 3/LBL, p. 53) : « car tu es voyant et visible et tu es aussi le voir (*es enim videns et visibile atque videre*) ».

2. *De Vis. Dei*, XII, 50 (HDG, p. 43, 9/LBL, p. 54).

3. *De Vis. Dei*, XII, 49 (HDG, p. 43, 5-6/LBL, p. 53). Voir R. Haubst, « Die Erkenntnistheoretische und Mystische Bedeutung der "Mauer der Koinzidenz" », *in* R. Haubst (Hrsg.), *Das Sehen Gottes Nach Nikolaus von Kues. Akten des Symposions in Trier vom 25. bis 27. September 1986*, Trier, Paulinus-Verlag, 1989, p. 167-191.

Il s'agit d'une vision car elle dépasse tout langage et toute représentation. Cette vision qui dépasse l'intelligence est la « docte ignorance »[1]. Le *De Visione Dei* présente donc bien l'expérience de ce que le traité de la *Docte ignorance* exprimait sous sa forme théorique. Elle est signifiée par le passage négatif à la limite, qui n'est pas sans rappeler un autre traité. Nous avons mentionné plus haut l'importance des *Confessions* d'Augustin comme source de cette vision participative du *De Visione Dei*; il faut également souligner la source anselmienne du *Proslogion*. Il est assez remarquable que le passage à la limite ouvre précisément aux réflexions trinitaires.

C'est ainsi dans la « docte ignorance » que le moi comprend sa relation à Dieu du point de vue du Regard, ou de la vision absolue. Il se sait ainsi uni à la puissance enveloppante de Dieu. C'est de cette union que naît le silence.

Dans cette introduction, nous avons essentiellement voulu montrer la profonde originalité de la pensée cusaine, qui s'inscrit dans la tradition du « néoplatonisme » dont il redistribue les influences, de manière toute personnelle. On ne peut que souhaiter que cette pensée, récemment mise au goût du jour, soit étudiée de manière encore plus approfondie. De fait, depuis la première impulsion aux études cusaines donnée par Ernst Cassirer, les éditions, traductions et commentaires sont en très grande progression. L'édition de l'Académie des Sciences de Heidelberg, sous la direction d'Ernst Hoffman, puis de Raymond Klibansky, permet maintenant aux lecteurs de bénéficier d'un texte latin critique. Celui-ci est disponible en ligne via le « *Cusanus Portal* »[2]. Il s'accompagne, sur le site, d'un certain nombre de traductions en allemand et en anglais. En France, les traductions se multiplient depuis une ou deux dizaines d'années, permettant de diffuser la pensée cusaine à un public plus élargi. Textes et travaux devraient donc aider à en déceler plus avant l'originalité.

1. *De Vis. Dei*, XIII, 52 (HDG, p. 45, 10/LBL, p. 56). Le processus mis expérimentalement en œuvre ici est celui qui est décrit dans la lettre du Cardinal à G. Aindorffer : « Il est nécessaire que celui qui théologise sous un mode mystique au-delà de toute raison et de toute intelligence, allant jusqu'à se quitter lui-même, s'engage dans la ténèbre ; et il découvrira comment ce que la raison juge impossible, c'est-à-dire simultanément d'être et de ne pas être est la nécessité même », dans E. Vansteenberghe, *Le Cardinal Nicolas de Cues*, Paris, Honoré Champion, 1920, p. 114.

2. http://www.cusanus-portal.de/.

Que ce soit sur la théorie de la connaissance, sur le rapport de la rationalité à la foi, sur la connaissance du monde et de Dieu, il est bien des domaines où notre modernité trouverait dans le Cardinal une source d'inspiration. L'un des points majeurs de l'apport de la pensée cusaine réside sans doute dans une réflexion cognitive qui dépasse la simple conception du rapport sujet-objet, dans un dépassement qui ne ramène cependant pas tout au sujet. À cet égard, le *De Visione Dei* montre bien comment l'expérience du sujet débouche sur une expérience de l'intersubjectivité, mais qu'elle nécessite surtout l'expérience de la coïncidence des opposés comme « docte ignorance » ouverte à la présence de Dieu. Le traité doit se lire en entier : ce qui nous est offert, c'est le cheminement vers l'appréhension du Mystère de la Trinité et ultimement l'union au Christ. L'inter-subjectivité que suppose le dialogue avec les frères qui font également l'expérience de l'icône implique l'expression de la foi à travers la parole et l'écoute. Mais l'élévation rationnelle au-delà du mur de la coïncidence aboutit également à la foi, quoique celle-ci appartienne à un autre ordre, puisqu'elle est grosse de toute l'expérience qui la précédait. La foi encadre donc l'ensemble de l'expérience. Mais ce serait une erreur de ne pas remarquer que contrairement à une position subjective purement cartésienne, le tableau précède l'expérience qui est faite, autrement dit, la présence divine précède toute démarche de connaissance à son sujet. La docte ignorance n'est pas une mise en suspens du monde, une attitude intérieure favorisée par l'*épochè*. L'antécédence de la grâce et la présence du monde comme don fait à l'homme décalent la perspective subjectiviste. De par l'encadrement de la foi et l'antécédence de la grâce, le projet cusain du *De Visione Dei* est plus augustinien et anselmien que cartésien. La coïncidence des opposés nous conduit aux limites de notre rationalité en même temps qu'elle ne l'abandonne jamais totalement.

L'expérience que l'on trouve dans le *De Visione Dei*, pour significative qu'elle soit, ne doit pas être surévaluée. En effet, même si elle demeure emblématique du mysticisme du Cusain, elle ne représente que l'un des moyens pour atteindre l'unique sagesse. Les points d'entrée de la connaissance sont multiples : ainsi, les mathématiques dans les *Conjonctures*, la réflexion intellectuelle de la *Chasse de la sagesse* ou de la *Docte ignorance*, l'évocation des arts mécaniques, du jeu, les observations de la nature (*Le béryl*), etc. Ce n'est donc pas seulement en l'homme, image de Dieu, que l'on peut remonter à la cause, mais c'est le monde lui-même, comme univers symbolique, qui manifeste de manière théophanique la présence de Dieu. Ce n'est donc ni dans la pure contemplation du monde, ni dans la réclusion de l'intériorité, dans l'expérience de l'enfermement du

« je » subjectif du cogito cartésien, que se trouvent la vérité et la beauté des choses. La recherche de la sagesse s'effectue de multiples manières, qui toutes supposent l'antécédence de la cause première.

Foi et raison fonctionnent ainsi, chez le Cusain, comme le rapport entre la théologie négative à la théologie affirmative : elles construisent ce que John Milbank a appelé un « misty space » dans lequel lumière et obscurité prennent mutuellement sens. Si l'inconnaissance prédomine, si l'équivocité l'emporte et si la coïncidence des opposés aboutit à une ignorance, toute docte qu'elle soit, le rapport de l'inconnaissance à la connaissance reste un rapport en perpétuel dialogue. La raison est donc toujours en recherche. Mais c'est justement là que réside le paradoxe de la docte ignorance. La conjecture sur l'inconnu éclaire le travail de la raison, le stimule et le pousse à la limite ; en retour, celle-ci se présente comme une approche asymptotique de la réalité. Le jeu mutuel des deux pôles est précisément l'acte du philosophe. Le savoir est sagesse, non au sens d'une somme de connaissances, mais d'une quête inaboutie vers la connaissance.

La sagesse est donc une « chasse ». Et comme l'a bien montré Hervé Pasqua, l'objet de la quête étant hors d'atteinte, c'est la chasse elle-même – l'acte même – qui est signifiante. La sagesse réside davantage dans la quête que dans la prise et c'est l'acte scientifique lui-même qui est délectable. La sagesse n'est donc pas la promesse d'une béatitude jamais atteinte dans l'état pérégrin. Elle commence dès ici-bas dans tous les domaines où s'exerce l'activité humaine.

LE TABLEAU COMME PHÉNOMÈNE : DE LA PHÉNOMÉNOLOGIE DU VOIR À LA THÉOLOGIE MYSTIQUE

JEAN-MICHEL COUNET

INTRODUCTION

Dans son *De Visione Dei* de 1453, Nicolas de Cues entend répondre aux moines de l'abbaye de Tegernsee qui souhaitaient avoir de lui une introduction à la théologie mystique. Il leur envoie son traité accompagné d'un tableau, un autoportrait que Roger Van der Weyden aurait placé dans une grande fresque intitulée « la Clémence de Trajan », qui ne subsiste plus aujourd'hui que sous la forme d'une tapisserie. Ce tableau était un omnivoyant, c'est-à-dire que, quelle que soit l'orientation du spectateur à son égard, celui-ci avait l'impression d'être regardé et d'occuper pleinement le regard du tableau, en d'autres termes d'être le seul à être regardé. Nicolas demande aux moines d'accrocher ce tableau à un mur du réfectoire du monastère et de se disposer dans toutes les directions par rapport à lui; chacun fera alors l'expérience d'être regardé et croira être le seul à être fixé de la sorte. Chacun s'étonnera, s'il se déplace ou s'arrête, de voir le regard le suivre dans son mouvement et son repos. L'impression d'étrangeté grandit lorsque, discutant avec les autres frères, chacun découvre qu'il n'est pas seul à faire cette expérience, mais que tous vivent exactement la même chose. Voilà le point de départ, brièvement résumé, de l'introduction à la théologie mystique que propose Nicolas dans son texte.

Ce texte est à mon sens d'une richesse philosophique et théologique absolument impressionnante, qui en fait l'un des textes majeurs de l'histoire de la pensée occidentale, mais, hélas, encore trop peu connu.

Je me contenterai ici d'étudier seulement quelques facettes doctrinales de ce diamant spéculatif, mais il faut être bien conscient que beaucoup d'autres angles d'approche, c'est le cas de le dire, pourraient être pris[1]. Je vais m'intéresser ici à la présentation du phénomène de la vision que nous propose Nicolas. Je trouve en effet dans ce traité une phénoménologie du voir : dans la vision de cet omnivoyant, c'est, à mon sens, en effet, l'essence même du voir qui nous est donnée. À cette phénoménologie s'ajoute une mystique : Nicolas prend par la main un moine particulier et entend le guider vers l'union à Dieu; l'itinéraire mystique consiste en une intensification progressive du regard, aboutissant à ce qu'on pourrait appeler une transfiguration de l'être humain, lequel devient pour ainsi dire pur regard et rejoint ainsi Dieu dont le voir coïncide avec l'être.

La première chose intéressante à relever est que Nicolas nous donne deux descriptions de l'effet causé par l'omnivoyant, la première dans la Préface du traité et la seconde au chapitre IV ; on pourrait à bon droit s'interroger sur le bien-fondé de cette répétition si l'on ne remarquait que la première est une description très générale, où Nicolas prédit en quelque sorte ce que tous les moines placés dans le réfectoire du monastère vont expérimenter lorsqu'ils fixeront le tableau accroché au mur Nord de cette pièce : ils vont s'étonner, déclare Nicolas, du mouvement de ce regard immobile, qui suit tous ceux qui le regardent. Cet étonnement a pour Nicolas de Cues une portée philosophique : les moines sont face à un phénomène qui les interpelle. Comment ce regard peut-il fixer en même temps tous ceux qui le regardent d'une façon telle que chacun croit être le seul à être regardé de la sorte ?

La reprise de ce thème au chapitre IV a ceci de nouveau qu'elle s'adresse à un moine particulier. Nicolas dicte à ce frère, comme le montre l'extrait, les mouvements qu'il a à faire et les paroles qu'il a à dire ; il s'agit, en d'autres termes, de faire naître dans l'esprit du moine des sentiments, des pensées, tout un monde d'expériences dont la clef interprétative lui est donnée progressivement. Nous sommes en présence d'une *manuductio* (guidance par la main) clairement mise en œuvre sous l'égide de la foi et qui mène progressivement le frère, de l'analogie sensible de la providence

1. En ce qui concerne mes propres travaux sur le sujet, *cf.* J.-M. Counet, « Voir la Providence. Autour du *De Visione Dei* de Nicolas de Cues », *in* P. d'Hoine & G. Van Riel (eds.), *Fate, Providence and Moral Responsibility in Ancient, Medieval and Early Modern Thought. Collected Studies in Honour of Carlos Steel*, « Ancient and Medieval Philosophy, De Wulf – Mansion Centre, Series I », Leuven, University Press, 2014, p. 605-617.

tout d'abord à la théologie négative la plus exigeante, et ensuite à la contemplation de l'incarnation. Ces trois stades semblent correspondre à la théologie affirmative, à la théologie négative et à la théologie de l'éminence, les trois dimensions de la théologie, selon une division classique que l'on fait remonter à Denys le Pseudo-Aréopagite[2]. Mais le passage d'un stade à l'autre s'accompagne d'une actualisation toujours plus accomplie et d'un approfondissement du regard.

L'OMNIVOYANT ET L'ÉNIGME PHILOSOPHIQUE DU MONDE

Dans la Préface, l'omnivoyant paraît être au service de la présentation de l'énigme du monde. La curiosité des moines est sollicitée par cet objet étrange : un regard qui suit tous ceux qui le regardent. C'est là quelque chose qui est présenté à bon droit comme surprenant. Habituellement lorsque nous regardons un objet et que nous nous déplaçons par rapport à lui, notre perspective change : nous voyons par exemple certaines de ses faces, non vues préalablement. Tout en exhibant différentes facettes, l'objet s'atteste cependant, lorsqu'il s'agit d'un objet réel, comme étant le même. Les faces perçues dans les différentes positions ne sont pas disparates, elles ont un air de famille, se recoupent partiellement, se combinent les unes avec les autres en s'attestant précisément comme des esquisses d'un unique objet. C'est là quelque chose qui suscite d'autant moins la surprise chez le sujet percevant que les nouvelles faces s'annonçaient déjà dans les premières faces perçues, dont elles constituaient ce que Husserl appelait leur horizon. Dans le cas de l'omnivoyant, le même phénomène se produit pour les éléments du tableau : le visage, la coiffure, le cadre, etc.

2. *Les Noms Divins*, VII, 3, 869D-872A. À vrai dire cette triple distinction est peut-être davantage issue de la tradition postérieure que de Denys lui-même car il n'est pas absolument certain que Denys n'a pas plutôt en vue deux voies seulement : celle de négation et d'éminence et celle de causalité. La triple distinction est en tout cas bien présente chez Albert le Grand et Thomas d'Aquin. Il est intéressant de noter que chez Thomas, l'ordre des trois voies n'est pas le même dans toutes les occurrences. Dans la *Somme Théologique* (Ia q. 13 a. 8), Thomas parle de voie d'éminence, causale et enfin négative, tandis que dans la q. 12 de la même œuvre, l'ordre est le suivant : causalité, négation et éminence. Dans son *Commentaire aux Noms divins*, on trouve successivement la voie négative, la voie d'éminence et la voie de la causalité. Sur ce point, *cf.* tout particulièrement M. B. Edwank, « Diverse Orderings of Dionysius' s Triplex Via by Thomas Aquinas », *Mediaeval Studies* 52, 1990, p. 82-109. Voir également T.-D. Humbrecht, *Théologie négative et noms divins chez saint Thomas d'Aquin*, Paris, Vrin, 2005, p. 298.

tous les éléments à l'exception d'un seul : le regard qui, lui, continue à fixer l'observateur en mouvement. Il y a là quelque chose qui tranche par rapport à notre expérience habituelle de la vision et qui, par là même, la convoque, la place devant nous pour s'en distancier précisément, mais non pas comme exception, mais comme *illustration paradoxale*.

Ce cas n'est pas, en effet, quelque chose d'absolument inédit : après tout, nous faisons cette expérience avec le soleil ou la lune. Lorsque nous nous déplaçons par rapport à eux, leur perspective relativement à nous ne change pas. Sophocle, dans son *Œdipe à Colonne*, présente d'ailleurs le soleil comme un omnivoyant[3]. Le soleil et la lune peuvent être remplacés par une sphère parfaitement uniforme; en tournant autour de celle-ci, nous ne remarquerons dans le chef de l'objet aucun changement, mais il est vrai qu'il s'agit là d'un être idéal, et non de quelque chose qui existe dans la réalité concrète; néanmoins, c'est aussi le cas, dans une certaine mesure, de nos relations avec les êtres vivants, qui nous fixent alors que nous nous déplaçons par rapport à eux. La relation intersubjective, où je suis face à un *alter ego* qui me suit du regard, est l'illustration la plus évidente de ce phénomène. Le tableau se présente donc comme ayant, pour ainsi dire, quelque chose de vivant; on rejoint là un thème qui a constamment préoccupé Nicolas dans sa réflexion sur l'homme comme *imago Dei :* distinguer l'image vivante de l'image morte inerte[4]; alors que l'image morte est figée

3. C'est là un point qui a attiré l'intérêt de Copernic au point qu'il le mentionne dans la Dédicace au pape Paul III de son *De Revolutionibus orbium caelestium*. *Cf.* Sophocle, *Œdipe à Colonne*, 863 : ὁ πάντα λεύσσων Ἥλιος ; Nicolas Copernic, *De Revolutionibus orbium caelestium* : « Au centre de tout se trouve le Soleil. En effet, dans ce temple d'une beauté parfaite, comment placer ce luminaire ailleurs ou mieux qu'à l'endroit où il peut tout illluminer à la fois ? Si au moins il n'est pas inepte de suivre ceux qui l'appellent Lumière du Monde, ou son Esprit ou encore son Recteur, ou, comme Trismégiste Dieu visible ou, comme Sophocle dans son *Electre*, omnivoyant. Car c'est bien ainsi que le Soleil, du trône royal où il siège, gouverne la famille des astres qui l'entourent », *De Revolutionibus*, livre I, chap. X, London, Warsaw & Cracow, McMillan & Polish Academy of Sciences, 1972, f. 10 (*facsimile*) ; trad. angl. *On the Revolutions*, ed. J. Dobrycki, transl. and commentary by E. Rosen, London, Warsaw & Cracow, Mc Millan & Polish Academy of Sciences, 1978, p. 22.

4. *Id. Ment.*, XIII, (HDG, p. 203-204/Gandillac, p. 148-149, dans E. Cassirer, *Individu et cosmos dans la philosophie de la Renaissance*, Paris, Éd. de Minuit, 1983, p. 292-293) : « la pensée fut créée par l'art créateur comme si cet art avait voulu se créer lui-même et que, l'art infini ne pouvant se multiplier, surgît alors une image de lui, de même que, un peintre voulût-il se peindre lui-même et ne pût-il se multiplier en personne, en se peignant il fît surgir une image de lui. Et puisque l'image, si parfaite soit-elle, dans le cas où elle ne pourrait être plus parfaite et plus conforme au modèle, n'est jamais si parfaite que ne l'est une quelconque

dans l'unique perspective qui est la sienne, l'image vivante offre, dans sa perspective, d'autres perspectives possibles en nombre en définitive indéfini. Si elle peut offrir cela, c'est qu'elle nous propose non pas tellement la réalité dépeinte en elle-même, mais la perception, la vision qu'en a eue le peintre. L'image vivante s'adapte à l'œil de l'observateur lequel, par son orientation particulière redonne pour ainsi dire vie au tableau. Incontestablement l'omnivoyant représente aux yeux du Cusain une image vivante et c'est là un point important mais que nous laisserons de côté ici.

Mais, en dépit – ou à cause – de ces similitudes avec les situations évoquées, il demeure dans le cas de la vision de l'omnivoyant un sentiment d'étrangeté que Nicolas a bien prévu dans le chef des moines. Le résultat de cette expérience au réfectoire en est l'étonnement, explicitement souligné à plusieurs reprises[5].

La signification de cet étonnement présente divers aspects qu'il convient de distinguer les uns des autres au moins dans un premier temps :

1. Les moines s'étonnent de ce que ce regard combine mouvement et repos : à la différence des objets ordinaires, il suit celui qui le regarde : il est au repos si l'observateur est au repos, en mouvement si celui-ci est en mouvement; l'observateur qui est conscient, par ses sensations kinesthésiques, de son propre mouvement, ne peut qu'attribuer un mouvement semblable à ce regard qui le suit, de même qu'il doit lui attribuer un repos

image imparfaite qui a la puissance de se conformer toujours davantage et sans limite à l'inaccessible modèle, c'est en cela que cette dernière, autant qu'elle le peut, imite l'infini sur le mode de l'image ; de même que, si un peintre faisait deux images, dont l'une, morte, semblerait en acte lui ressembler davantage, alors que l'autre, moins ressemblante, serait vivante, c'est-à-dire telle que, stimulée par son objet à se mouvoir, elle pourrait se rendre toujours plus conforme à lui, personne n'hésite à dire que la seconde serait plus parfaite en tant qu'elle imiterait davantage l'art du peintre ». Sur la notion d'esprit ou d'homme image vivante de Dieu, *cf.* G. von Bredow, « Der Geist als lebendiges Bild Gottes », MFCG 13, 1978, p. 58-67 ; E. Colomer, « Das Menschenbild des Nikolaus von Kues in der Geschichte des christlichen Humanismus », *ibid.*, p. 117-146; R. Steiger, « Die Lebendigkeit des erkennenden Geistes bei Nikolaus von Kues », *ibid.*, p. 167-181 ; I. Bocken, *L'art de la collection. Introduction historico-éthique à l'herméneutique conjecturale de Nicolas de Cues*, Louvain /Louvain-la Neuve, Peeters/ Institut Supérieur de Philosophie, 2007, p. 1-3.

5. *De Vis. Dei*, Préface 3 (HDG, p. 5/Cerf, p. 32) : « Vous vous étonnerez en vous demandant d'abord comment il est possible qu'il vous regarde tous ensemble et chacun en particulier... » ; « sachant le tableau fixe et immobile, il s'étonnera du mouvement de ce regard immobile... » (HDG, p. 6 /Cerf, p. 33) ; « Il s'étonnera de la manière dont il se meut sans se mouvoir... » (*ibid.*).

similaire au sien lorsque lui-même s'arrête et qu'il voit ce même regard maintenant rester fixé sur lui (dimension diachronique de l'expérience).

2. Ils s'étonnent de ce que tous font la même expérience; chacun fait l'expérience d'être regardé et, faisant spontanément le lien avec sa propre expérience de la vision, attribue au regard du tableau les limitations qui sont celles de sa propre vision : s'il me regarde comme il le fait, il ne peut en même temps regarder les autres et donc je suis seul à être regardé de la sorte. L'étonnement surgit lorsqu'il apparaît que les autres personnes font exactement la même expérience que moi; cette conjonction du mouvement et du repos n'est pas seulement un vécu individuel mais s'avère avoir une réalité proprement objective, que l'imagination individuelle a cependant la plus grande peine du monde à concevoir (dimension synchronique de l'expérience).

3. Même s'ils ne s'en rendent pas explicitement compte, l'étonnement des moines est lié à la réflexivité du voir. Ils voient pour ainsi dire leur propre regard dans ce qui s'avère être le miroir du tableau. On sait la fascination qu'a eue le monde antique pour le phénomène de la réflexion optique. Le mythe de Narcisse suffirait à en témoigner. Voilà que ce tableau de l'omnivoyant présente à son tour des caractéristiques similaires, puisqu'il renvoie chaque observateur à lui-même, à son propre regard. Et même pour les philosophes avertis, cette réflexivité du voir pose question. Thomas d'Aquin, pour ne citer que lui, défend la thèse que les facultés sensibles, liées à des organes, sont incapables de réflexivité complète[6] : la vue ne peut en toute rigueur de terme se voir ou tout au moins voir son essence, pas plus que l'ouïe n'est capable de s'entendre; Thomas tirera comme conséquence du fait que l'intellect est, lui, capable de réflexion totale qu'il n'est pas lié à un organe et qu'en conséquence il est

6. *De Veritate*, I, a. 9 corp. : « ...les plus parfaits parmi les étants, comme les substances intellectuelles, retournent à leur propre essence en un retour complet : en effet, en ce qu'elles connaissent quelque chose posé en dehors d'elles-mêmes, elles procèdent d'une certaine façon en dehors d'elles-mêmes ; mais, en tant qu'elles connaissent qu'elles connaissent, elles commencent déjà à retourner vers elles-mêmes, parce que l'acte de cognition est intermédiaire entre le connaissant et le connu. Ce retour est complet lorsqu'elles connaissent leurs essences propres [...]. Le sens, par contre, qui parmi les autres choses est le plus proche de la substance intellectuelle, commence certes à retourner à sa propre essence, parce non seulement il connaît le sensible, mais il connaît aussi qu'il sent ; mais son retour n'est pas complet car le sens ne connaît pas sa propre essence », *Première question disputée. La Vérité*, introd., trad. et notes par Ch. Brouwer et M. Peeters, Paris, Vrin, 2002, p. 149.

essentiellement immatériel, impliquant l'immatérialité de l'âme humaine en tant que telle puisque, dans le cas contraire, elle ne pourrait faire émerger une faculté agissant immatériellement comme l'intellect. Le fait que l'intellect humain soit capable de *reditio completa*, pour reprendre l'expression bien connue du *Liber de Causis*[7], joue ainsi un rôle capital dans la psychologie de l'Aquinate.

Sans nécessairement s'opposer à lui sur le fond, Nicolas de Cues préfère quant à lui présenter les choses autrement : il insiste à plusieurs reprises sur le fait que non seulement l'intellect, mais également les autres facultés, l'imagination et les sens, sont capables elles aussi d'un retour complet sur elles-mêmes. Dans le *De Coniecturis* par exemple, Nicolas note qu'en tant que dernier degré dans l'ordre des intellects, l'intellect humain est capable de retour total sur soi-même, mais qu'il doit pour cela s'actualiser progressivement à travers le contact avec le sensible : l'intellect se soumet à la loi et à la discipline du sensible, pour, une fois constitué intellect en acte, parvenir à l'accomplissement de la *reditio completa*.

> L'intellect revient circulairement à lui-même, par un retour parfait à soi, tout comme un noble, qui est chevalier en puissance, mais qui, ne pouvant actualiser cette puissance à cause de sa misère, s'enrôle pour un temps de façon à acquérir de quoi se constituer chevalier en acte[8].

Mais la pointe de la position de Nicolas consiste à dire que ce qui est valable pour l'intellect l'est tout autant du sens :

> Ce que tu as compris à propos de l'intellect qui, à cause de sa perfection, descend et par un retour parfait retourne à lui-même, conçois-le de même du sens. En effet, à cause de la perfection de la vie sensible, il s'avance vers le haut jusqu'à l'intellect[9].

En vertu de la célèbre figure P[10], qui symbolise le mouvement du réel dans toute sa concrétude, la descente de l'intellect dans le sens (nécessaire à son actualisation) coïncide avec l'élévation du sens dans l'intellect : ce

7. *Liber de Causis*, prop. XIV, 124 : « Tout être connaissant qui connaît sa propre essence, vers elle fait retour, d'un retour total », *in* P. Magnard, O. Boulnois, B. Pinchard, J.-L. Solère, *La demeure de l'être : autour d'un anonyme. Étude et traduction du Liber de Causis*, Paris, Vrin, 1990, p. 63.

8. *Conj.*, II, 16, 159 (HDG, p. 159-160/Counet, p. 140).

9. *Conj.*, II, 16, 161 (HDG, p. 162, 1-2/Counet, p. 142).

10. *Conj.*, I, 9, 4 (HDG, p. 45-46/Counet, p. 36). Voir aussi Counet, *ibid.*, p. LXXXI.

que nous appelons habituellement le processus d'abstraction (c'est-à-dire l'extraction de l'espèce intelligible à partir du phantasme et la production du concept) n'est pas autre chose pour Nicolas que l'élévation au niveau rationnel et intellectuel des contenus sensibles. S'intellectualisant, le sens parvient lui aussi à ce retour sur lui-même, attestant par là lui aussi, tout comme l'intellect, du caractère substantiel de son substrat, l'âme humaine.

Il y a bel et bien une circularité à l'œuvre dans les processus cognitifs : l'intellect, en se soumettant à la discipline des sens, les utilise pour atteindre à la *reditio completa* et les sens utilisent l'intellect présent en eux pour atteindre ce même retour sur eux-mêmes : ils s'élèvent au retour sur eux-mêmes en bénéficiant de la propre conversion de l'intellect à lui-même.

Ce travail actif de l'intellect au cœur même de l'activité des sens se manifeste pour Nicolas d'une façon particulièrement suggestive dans l'étonnement :

> Du fait que l'intellect est en acte dans le sens, la raison en sommeil est stimulée par l'étonnement, si bien qu'elle parvient au vraisemblable. Ensuite l'intelligence est mise en branle, de sorte que, plus éveillée, elle s'élève vers la connaissance du vrai en s'éloignant davantage de la léthargie de la potentialité [11].

L'intellect en acte dans le sens n'est pas autre chose que la perception attentive ou aperception par laquelle l'homme prend conscience véritablement d'un ob-jet : celui-ci provoque l'étonnement, car l'homme perçoit une altérité entre sa pensée et le réel qui semble pour ainsi dire lui échapper; l'homme cherche à réduire cette altérité en cherchant à l'expliquer par la raison : c'est là ce que le Cusain appelle parvenir au vraisemblable. Mais la raison ne résorbe pas l'altérité de façon définitive. En effet elle continue à percevoir l'objet comme extérieur et autonome par rapport à elle (elle demeure en termes husserliens dans l'attitude naturelle). Il faut, pour aller plus loin, se hisser au niveau de l'intelligence, c'est-à-dire de l'intellect : pour Nicolas de Cues comme chez Proclus, l'intellect est l'esprit humain se saisissant lui-même comme source de ses productions intellectuelles [12]. L'esprit est alors conscient de sa dignité d'image de Dieu, puisqu'à l'instar du créateur qui crée le monde réel, lequel n'est pas autre

11. *Conj.*,II, 16, 159 (HDG, p. 159, 1-4/Counet, p. 140).

12. Husserl parlerait sans doute ici de l'évidence apodictique de l'Ego transcendantal qui perçoit qu'il constitue les phénomènes mêmes.

chose que la manifestation visible de ses propres perfections, l'esprit humain crée un monde intentionnel de concepts, de connaissance qui n'est là aussi que la manifestation de sa propre perfection interne.

4. Cet étonnement est enfin à comprendre pour Nicolas dans le sens que les moines sont placés devant l'énigme du monde. Pour Nicolas le monde est l'« objet » par excellence de l'étonnement. Ce n'est pas tellement Dieu qui pose pour lui question (on chercherait en vain chez lui des « preuves » de l'existence de Dieu sur le mode des voies thomistes), mais le monde. Le début du livre II de la *Docte Ignorance* est à cet égard d'une importance capitale. Nicolas ne cesse d'y exprimer les questions qui affluent en lui lorsqu'il pense à la question du monde : comment quelque chose peut-il exister en dehors de l'infini, de l'être en plénitude? Comment peut-on participer à un être qui est d'une simplicité absolue? Le chapitre II du livre II est comme scandé par ce leitmotiv : qui pourra comprendre les rapports entre Dieu et le monde? Comment celui-ci peut-il exister hors de son principe?

Qui dès lors, en unissant dans la créature la nécessité absolue, par laquelle elle est, et la contingence, sans laquelle elle n'est pas, pourra comprendre son être[13]?

Si Dieu est toutes choses et que créer signifie cela, comment pourra-t-on comprendre que la créature n'est pas éternelle alors que l'Etre de Dieu est éternel et, plus encore, qu'il est l'éternité même[14]?

Qui, enfin, peut comprendre que Dieu est la forme de l'Etre et qu'il ne soit pas, cependant, mêlé à la créature[15]?

Qui donc sera en mesure de comprendre comment une forme infinie est participée par diverses créatures diversement, alors que l'être de la créature ne peut être autre que le reflet de la forme infinie[16]?

Nous ne pouvons pas comprendre non plus comment Dieu peut se manifester à nous à travers des créatures visibles[17].

Qui pourrait comprendre comment toutes les choses sont l'image de cette forme unique et infinie, tenant leur diversité de leur contingence, comme si en quelque sorte la créature était un dieu occasionné[18]?

13. *Doct. Ignor.*, II, 2, 100 (HDG, p. 66, 7-9/Pasqua, p. 146).
14. *Ibid.*, 101 (HDG, p. 66, 26-28/Pasqua, p. 148).
15. *Ibid.*, 102 (HDG, p. 67, 7-8/Pasqua, p. 148).
16. *Ibid.*, 103 (HDG, p. 67, 20-22/Pasqua, p. 149).
17. *Ibid.*, 103 (HDG, p. 68, 1-2/Pasqua, p. 150).
18. *Ibid.*, 104 (HDG, p. 68, 14-17/Pasqua, p. 150, trad. mod.).

On a souvent souligné que Nicolas remettait en question le concept d'analogie, mais on a souvent oublié de souligner que cette remise en question n'est pas tant liée à un rejet de la scolastique traditionnelle qu'à un étonnement fondamental, une admiration devant le monde, dont il pressent le fonds incompréhensible et insondable pour l'esprit humain.

On sait que pour le Cusain le monde est une totalité multicentrée: le monde est une sphère infinie dont le centre est partout et la circonférence nulle part[19]. Chaque point de l'espace, chaque être, chaque sujet percevant peut se considérer comme centre du monde ou placé en celui-ci. Les moines en d'autres termes sont mis devant la réalité paradoxale du monde et comme il y a là quelque chose qui heurte le sens commun, l'étonnement apparaît. Il est symptomatique que le seul passage parallèle où Nicolas souligne avec force l'impossibilité pour l'imagination de comprendre un phénomène concerne la problématique des antipodes: là aussi l'imagination est incapable de saisir le fait paradoxal que les hommes dans l'autre hémisphère ne tombent pas dans le vide[20]. Mais là aussi le contexte est clairement cosmologique.

Il est d'ailleurs explicitement question du monde à la fin de ce que j'appelle ici la première description: «ce regard veille avec un soin extrême à la plus petite créature comme à la plus grande et la totalité de l'univers»[21]. Cette question du monde affleure également à travers la communauté des moines rassemblée au réfectoire et qui symbolise de toute évidence la communauté humaine tout entière et la réalité intersubjective qui est la sienne.

ESSENCE ABSTRAITE ET ESSENCE ABSOLUE DU VOIR

Après cette entrée progressive dans l'étonnement et cette confrontation à l'énigme du monde que cet étonnement signifie, autrement dit, après cette entrée dans le questionnement du phénomène du voir, Nicolas esquisse brièvement sa réponse :

1. Il existe divers modes du voir et ils sont répartis en divers champs à l'intérieur desquels ils peuvent être comparés : il y a le champ de la rapidité

19. *Doct. Ignor.*, II, 11, 161, (HGD, p. 102-103, p. /Pasqua, p. 204).

20. *Conj.*, II, 14, 141, (HDG, p. 142, 10-13/Counet, p. 126).

21. *De Vis. Dei, Praefatio*, 4 : « Ita habet diligentissimam curam minimae creaturae, quasi maximae et totius universi » (HDG, p. 6).

(certains regards sont lents, d'autres rapides), celui de l'acuité (tel regard perçoit avec peine même les objets proches de lui, alors que la vue de tel autre porte beaucoup plus loin), etc.

2. Le regard absolu présenté comme l'origine, le fondement de tous ces modes limités, les surpasse en acuité, vitesse, force et embrasse en lui tous les modes du voir. Ce regard absolu est celui de Dieu et est Dieu lui-même.

Cette affirmation, de prime abord abrupte, est justifiée par le recours à la notion de vue abstraite. La vue abstraite est ce qu'il y a de commun à tous les voir : elle n'est pas liée à tel ou tel objet particulier, à telle ou telle acuité, force ou rapidité et en conséquence elle se manifeste comme déliée de toutes les limitations liées à ces modes particuliers du voir. Elle présente ainsi une certaine absoluité, tout en étant présente dans chaque mode concret puisque tout voyant ne peut voir que par l'essence de la vue, qui est précisément cette vue abstraite : elle est donc dégagée de tout mode concret mais tout mode concret en est, en réalité, une contraction.

Cette essence abstraite de la vue n'est cependant pas le dernier mot de l'affaire; en effet, elle n'est pas déliée complètement de toute limitation puisqu'elle n'existe concrètement que dans un mode limité et fini, dont elle partage inévitablement les limites lorsqu'elle existe. Cette vue abstraite qui n'est ni lente ni rapide, ni tournée vers la gauche ni tournée vers la droite, ni aiguë ni floue, n'est que la trace au niveau de l'élucidation du phénomène d'une modalité plus originaire de l'essence qui est la vue absolue. La vue absolue, c'est la vue définitivement délivrée de toute forme de limitation, c'est la vue qui unit en elle la lenteur et la rapidité, le fait d'être tourné vers la gauche et celui d'être tourné vers la droite, l'acuité et le flou. Cette vue absolue est Dieu même, dont le nom *theos* évoque à merveille cette plénitude du voir (*theôréô*).

Tout se passe comme si, à la réduction eidétique dégageant l'essence du voir (la vue abstraite) et ramenant ainsi tout voir concret à son principe immédiat, le Cusain adjoignait une réduction supplémentaire, que nous pourrions appeler la réduction absolue.

3. Tout regard limité existe parce qu'il participe à la plénitude de la vision absolue. Cette conséquence semble logique dans la mesure où la vision absolue contient en elle simultanément tous les modes du voir.

La ligne argumentative n'est pas sans faire songer à la manière dont Anselme de Canterbury prouve l'existence de Dieu dans le *Monologion* : là aussi des différences de degrés dans l'être, le bien, la grandeur, la perfection des natures amènent à postuler l'existence d'un Être maximum, d'une Grandeur maximum, d'un Bien maximum, etc. Mais par rapport à l'argument anselmien, qui ne repose que sur le principe platonicien du maximum[22], l'argumentation cusaine est beaucoup plus riche et mieux étayée : elle s'appuie en effet sur l'omnivoyant lui-même. En effet ce tableau peut être compris comme l'objectivation effective (et donc inversée) de l'essence abstraite du voir. Cette essence abstraite est en effet le voir universel, indéterminé en lui-même, qui ne devient concret qu'en étant reçu dans un sujet concret, qui le réduit et le fait être telle vision particulière :

$V(x) \rightarrow V(a)$, a étant le sujet concret réduisant $V(x)$.

Mais on peut dire la même chose de l'omnivoyant, à une inversion près : dès qu'un sujet a se place en face de lui, l'omnivoyant le regarde avec le mode de vision V (a) et cette vue du tableau ne fait que refléter la vue inverse que le sujet a lui a adressée : $V'(a) = I\,V(a)$, où I est l'opération d'inversion dans un miroir.

Lorsque l'on multiplie les sujets du voir à l'infini, l'essence abstraite du voir prend les différentes valeurs concrètes V(a), V(b), V(c), ... ; mais on peut très bien prétendre qu'il s'agit alors de vues singulières, différentes les unes des autres, n'impliquant absolument pas qu'à l'état isolé, la vue abstraite V(x) possède en acte simultanément tous ces modes particuliers, la réception de V(x) dans les différents sujets pouvant avoir un effet individualisant qui n'entraîne aucune contrainte sur l'universel V(x).
En revanche, dans le cas de l'omnivoyant, il regarde simultanément tous les sujets qui le contemplent et possède bien simultanément des modes de visions qui peuvent être tout à fait opposés. Ici on est obligé de reconnaître que l'omnivoyant est une entité unique regardant en même temps dans toutes les directions et englobant par là simultanément en acte tous les modes du voir ; l'objectivation de l'essence abstraite du voir dans le tableau contraint donc ici la pensée à affirmer la nécessité du passage de l'essence abstraite à l'essence absolue qui en est la vérité.

22. Le principe du maximum postule que là où il existe du plus et du moins, il existe aussi le maximum, le parfait. Ce principe joue un rôle clef dans les démonstrations de l'existence de Dieu du *Monologion*. On en trouve aussi des traces dans la *quarta via* de Thomas d'Aquin. Sur la signification du principe du maximum, en particulier chez Anselme de Canterbury, *cf.* J. Vuillemin, Le *Dieu d'Anselme et les apparences de la raison*, Paris, Aubier Montaigne, 1971, p. 87-131.

LA *MANUDUCTIO* VERS LA THÉOLOGIE MYSTIQUE

À partir du chapitre IV, le contexte change notablement. Nicolas interpelle un moine et lui énonce ce qu'il doit faire, et plus encore ce qu'il doit dire. Il s'agit maintenant d'une démarche de foi explicite. D'une élucidation philosophique de la question du monde en direction de Dieu (étonnement), on passe à une exploration approfondie de l'expérience de la vision en première personne (le terme *video*, « je vois », revient constamment) de l'omnivoyant, guidée, dirigée par Nicolas et visant à disposer autant que faire se peut celui qui s'y livre à l'expérience mystique.

Chaque chapitre de cette seconde partie correspond à peu près à une séquence méditative, au cours de laquelle un aspect de la vision de l'omnivoyant et de la vision de Dieu qu'elle symbolise est abordé. On n'observe pas, semble-t-il, de progression linéaire de chapitre en chapitre, chacun se contente de dévoiler quelque aspect nouveau, mais sans qu'un ordre rationnel apparaisse clairement, sinon sur la fin où la séquence Vie Trinitaire/Incarnation/Union hypostatique se dessine. La multiplication des points de vue a simplement pour but d'expliciter les différents aspects du riche contenu de la contemplation de l'omnivoyant.

En revanche, la plupart des séquences semblent structurées de manière identique :

1. Dévoilement d'un nouvel aspect de l'expérience de la vision de Dieu, à travers un trait caractéristique de la vision de l'omnivoyant.

2. Implications pratiques pour celui qui désire se rapprocher de Dieu (répercussions éthiques du dévoilement).

3. Aspect affectif. Emerveillement, Admiration (qui remplace l'Etonnement de la première partie). Action de grâce, Louange. Découvertes de prolongement possibles. Ce pas en avant vers l'accomplissement met celui qui contemple en mesure de percevoir un prolongement du premier point à d'autres dimensions (ce dernier élément est souvent introduit par « je vois maintenant »)[23]. Il y a là une dynamique de progrès

23. « Je vois maintenant en un miroir, en un tableau, en une énigme la vie éternelle qui n'est autre que la vision bienheureuse », IV, 12 (HDG, p. 16/Cerf, p. 38) ; « Je vois Seigneur, que c'est par cette voie et nulle autre que l'inaccessible lumière, la beauté et la splendeur de ta face peuvent être approchées sans voile », VI, 21 (HDG, p. 24/Cerf, p. 43) ; « De là maintenant je vois que si j'écoute ton verbe qui en moi ne cesse de parler… », VII, 26 (HDG, p. 27/Cerf, p. 46) ; « J'ai découvert que le lieu où tu te trouves sans voile est entouré par la coïncidence des

particulièrement intéressante : un ajustement pratique qui colle à ce qui se découvre dans le voir et qui provoque un supplément de conscience chez celui qui contemple, un supplément qui induit un nouveau développement du voir, et ainsi de suite. On se trouve devant une dynamique d'intensification de la conscience qui se nourrit et se renforce d'elle-même. Quel en est le terme ?

Le but est d'intensifier le voir, plus exactement de passer d'un voir humain ordinaire accidentel, réduit (car 1° ne représentant qu'une des intentionnalités possibles, à côté d'autres, telles que l'ouïe, l'odorat, le toucher, le sentiment, l'intelligence, etc. et 2° seulement susceptible de voir dans telle direction et pas telle autre) à un voir plus fondamental, plus originaire, un voir que je qualifierais volontiers de substantiel ; tout se passe comme si, à travers ces dévoilements et ces avancées successives, Nicolas s'efforçait d'unifier l'être de celui qui contemple de sorte qu'il voie véritablement, qu'il voie « de tout son cœur, de toute son âme et de toutes ses forces », que toute sa personne, toutes ses facultés ne soient que voir et que ce voir soit d'une intensité telle qu'il perce littéralement le voile des apparences pour viser Dieu tel qu'il est.

Dans le cas de Dieu, Nicolas insiste à plusieurs reprises dans le *De Visione Dei* : voir et être coïncident[24] ; en lui, écouter, sentir, ressentir, comprendre, etc., c'est voir et le voir divin est toutes ces choses, comme il est aussi créer, garder, se mouvoir, aimer, et aussi toutes les passivités correspondantes : être vu, être créé, être mû, compris, écouté, etc.

Par la mise en œuvre d'une attention extrême portant sur Dieu, par l'unification de son être par la connaissance de soi, l'acquisition des *habitus* et en particulier des vertus, par l'ouverture à la Parole du Verbe qui, en décentrant l'homme, lui procure la possession effective de lui-même en assurant le commandement de la raison sur les sens, l'homme, semble-t-il, peut rapprocher son propre voir de ce voir divin. Lorsque son être est unifié, son regard devient riche de tout l'être qui se positionne derrière lui et se manifeste à travers lui. Est-il possible qu'à l'instar de Dieu, l'homme ne soit que regard ?

contradictoires et c'est le mur du Paradis où tu habites », IX, 37 (HDG, p. 35/Cerf, p. 51) ; « Je vois avec toi qu'absolue est l'infinité à laquelle ne convient ni le nom de créateur créant, ni celui de créateur créé, et alors je commence à te voir sans voile et à entrer dans le jardin des délices », XII, 50 (HDG, p. 43/Cerf, p. 58) ; « Et je vois que tu es la mesure incommensurable de toutes choses, de même que je vois que tu es la fin infinie de tout », XIII, 57 (HDG, p. 48/Cerf, p. 62).

24. *De Vis. Dei*, X, (HDG, p. 35-38/Cerf, p. 51-54).

Dans ses développements fascinants sur l'identité en Dieu du voir et de l'être vu, du créer et de l'être créé, Nicolas arrive à la conclusion que ce n'est pas seulement dans le cas de Dieu que le voir est identique à l'être mais qu'il en va de même pour l'homme. La créature n'est que dans la mesure où elle voit Dieu. Ce voir qui fait être la créature n'est évidemment pas à identifier purement et simplement avec l'activité accidentelle que nous désignons ordinairement par ce terme, car après tout des aveugles qui ne voient absolument rien n'en existent pas moins tels que nous. « Voir Dieu » consiste à faire l'expérience du monde qui nous entoure : dans le cas des créatures les plus nobles comme les hommes et les animaux, cela passe par la connaissance intellectuelle et la perception sensible ; mais même les plantes perçoivent au moins confusément leur environnement et s'y adaptent ; le cas de l'héliotrope ou tournesol, qui tout au long du jour s'oriente vers le soleil, portait, nous le savons, le philosophe Proclus à un émerveillement sans cesse renouvelé au point qu'il y voyait une image particulièrement pertinente du fait que tous les êtres sont suspendus à la contemplation de l'Un et le prient.

> D'où vient en effet que l'héliotrope se meut en accord avec le Soleil, le sélénotrope avec la Lune, tous deux faisant cortège, dans la mesure de leurs forces, aux luminaires du monde ? Car tous les êtres prient selon le rang qu'ils occupent, ils chantent les chefs qui président à leur série tout entière, chacun louant à sa manière, spirituelle, rationnelle, physique ou sensible : ainsi l'héliotrope se meut-il autant qu'il lui est facile de se mouvoir, et si l'on pouvait entendre comme il frappe l'air durant qu'il tourne sur sa tige, on se rendrait compte à ce bruit qu'il offre une sorte d'hymne au Roi, tel qu'une plante peut le chanter [...]. Le lotus lui aussi manifeste son affinité avec le Soleil : sa fleur est close avant l'apparition des rayons solaires, elle s'ouvre doucement quand le Soleil commence à se lever, et à mesure que l'astre monte au zénith, elle se déploie, puis de nouveau se replie lorsqu'il s'abaisse vers le couchant. Or quelle différence y a-t-il entre le mode humain de chanter le Soleil, en ouvrant ou fermant la bouche, et celui du lotus, qui déplie et replie ses pétales [25] ?

Même les minéraux sont « sensibles » à leur environnement par le biais de forces auxquelles ils sont soumis ; il existe entre les différentes parties de l'univers une sympathie universelle qui fait que les éléments du monde

25. Proclus, *De Sacrificio et de magia*, 148.3-149.12, trad. fr. A.-J. Festugière, *La Révélation d'Hermès Trismégiste*, t. I, *L'astrologie et les sciences occultes*, Paris, Les Belles Lettres, 1989, p. 134.

vibrent au diapason les uns des autres. Plotin pensait que c'était là le fondement véritable de la perception : non pas tant une action extérieure d'un corps sur un autre corps ou d'un corps sur une âme (ce qui est proprement impossible, car le moins parfait ne peut agir sur le plus parfait) mais un lien par lequel une partie de l'univers qui s'appelle homme ou animal pouvait ressentir de l'intérieur, dans une sorte de vision intellectuelle[26], la présence, l'état d'une autre partie; en résumé, en « percevant » au moins sommairement le monde qui les entoure, ce monde qui n'est pas autre chose que la théophanie de Dieu, son *explicatio*, les créatures « voient » pour ainsi dire Dieu et comme elles vivent de cette insertion dans ce grand Tout organique qu'est l'univers auquel elles participent, elles vivent bel et bien de cette « vision » de Dieu.

L'homme peut lui aussi être au contact de Dieu ou à tout le moins d'une de ses manifestations par le biais de cette connaissance qui procède de son enracinement dans le monde, ou – pour employer une expression aux résonances eckhartiennes – cette connaissance qui sourd de son propre fond. Mais chez lui cette connaissance est appelée à devenir consciente en s'élevant au niveau de la raison et de l'intellect. Or l'intellect, comme nous l'avons vu, est la faculté par laquelle l'être humain est capable de réflexion totale sur soi. La théophanie divine peut dès lors être non seulement perçue mais aperçue. Mais ce n'est cependant là qu'une possibilité; l'homme peut se couper de son lien aux choses, de son enracinement dans le monde, dans une poursuite aliénante des biens extérieurs : c'est le sens de la célèbre exhortation de Dieu adressée à l'homme lui-même qui cherche à posséder Dieu et qui, désespérant de réaliser l'objet de son désir, s'entend dire ces mots montant du plus profond de ses entrailles : *Sois à toi-même et je serai à toi.* Possède-toi toi-même et tu me possèderas. Sois à toi-même c'est-à-dire : Connais-toi toi-même (allusion à cette herméneutique de l'existence par laquelle j'essaie de voir clair dans l'énigme que je suis à moi-même); développe les *habitus* (en particulier les vertus) par lesquels tu acquerras la maîtrise de tes différentes puissances; oriente tout ton désir vers le Verbe, écoute-le résonner en toi; c'est en te tournant vers lui que ta raison pourra régner sur ta sensibilité et que l'ordre dans ton âme te permettra de « voir » Dieu.

26. Cf. *Ennéades* IV, 5, § 3-7 ; VI, 9, § 8 ; R.-M. Mossé-Bastide, *La pensée de Plotin*, Paris, Bruxelles & Montréal, Bordas, 1972, p. 28-36.

L'INTELLECT ET LE SENS : IMMANENCE ET TRANSCENDANCE DE L'INTELLECT PAR RAPPORT À LA VIE SENSIBLE

Comment concevoir cette aperception de Dieu dans la théophanie de la création? Nous avons vu auparavant qu'intellect et sens s'impliquaient mutuellement : l'intellect descend dans le sens pour s'actualiser et le sens, par l'intellect, parvient lui aussi à la réflexion totale. Ces deux modalités de la connaissance humaine que sont la perception sensible et l'abstraction intellectuelle forment une structure. Mais les deux pôles ont beau s'impliquer mutuellement, il en est un qui possède une priorité sur l'autre : c'est l'intellect. Cette faculté est plus proche de l'essence de l'âme, c'est pourquoi elle est plus parfaite ; le sens est comme son instrument.

Comme le dit Thomas d'Aquin, le sens a pour fin l'intellect, mais la réciproque n'est pas vraie; en effet « le sens est comme une participation incomplète de l'intelligence ». Cette citation apparemment banale est importante car Thomas défend, comme Eckhart et Nicolas de Cues après lui, la fameuse thèse de l'âme rationnelle comme seule forme substantielle du composé humain ; il n'y a pas en bref une âme végétative, une âme sensitive, une âme rationnelle reliées uniquement par des liens hiérarchiques, mais une seule âme remplit toutes ces fonctions et elle est de nature rationnelle. Or cette thèse induit des contraintes fortes sur les rapports entre sensibilité et intellect, que nous retrouverons nécessairement chez le Cusain comme chez le Docteur Angélique.

Thomas conclut de ce qui précède que, dans l'ordre réel, qui est l'ordre de perfection, l'intellect engendre la sensibilité[27]. Selon l'ordre chronologique, la sensibilité vient avant l'intellect et reçoit celle-ci comme son support matériel ; mais cet ordre n'est que celui de la manifestation ou de la réception, ce n'est pas celui de l'ordre ontologique ou de production, qui est celui de la causalité efficiente et finale qui est inverse. Étant moins parfaite que l'intellect, étant son instrument, la sensibilité ne peut que procéder de l'intellect, ou, plus exactement, la sensibilité ne peut que procéder de l'essence de l'âme que par l'intermédiaire de l'intellect.

27. Je reprends ici des réflexions présentes dans J.-M. Counet, « Quelques conjectures sur les rapports entre christianisme et islam à partir de la pensée de Nicolas de Cues », *in* H. Pasqua (éd.), *Nicolas de Cues et l'Islam*, Leuven/Louvain-la-Neuve, Peeters/Institut Supérieur de Philosophie, 2013, p. 183-186. Sur cette problématique de l'engendrement de la sensibilité par l'intellect, *cf.* STh Ia q. 77 a. 7 ; K. Rahner, *Geist im Welt. Zur Metaphysik der endlichen Erkenntnis bei Thomas von Aquin*, Innsbruck & Leipzig, Rauch, 1939, p. 175-210 ; trad. fr. R. Givord et H. Rochais, *L'Esprit dans le monde*, Paris, Mame, p. 245-286.

Comment comprendre concrètement l'entrecroisement de ces deux ordres entre les deux facultés ? Pour ce faire, considérons un changement quelconque, gouverné par une causalité finale : pensons au développement d'un embryon, au mouvement vers le lieu naturel, ou à quelque autre mouvement.

L'état final B est donc ce qui guide tout le processus et tout le dynamisme moteur de l'agent. Spontanément nous nous plaçons d'un point de vue chronologique et nous disons que le mobile est dans l'état A, puis dans l'état A', puis dans l'état A'', et enfin dans l'état final B. Mais en réalité il serait plus exact de dire que le mobile, en A', est dans l'état B mais que cet état B est présent sous la modalité A' ; qu'ensuite en A'' le mobile est B mais B présent sous la modalité A'', puis enfin en B tel qu'il est en lui-même. Car la cause finale est présente intentionnellement dans les différentes étapes, dans les différents moyens qui y mènent; les états A', A'' au moment même où le mobile les atteint, sont plus que la matérialité de A' et de A'' car ils sont gros des possibilités ultérieures en lesquelles le mouvement va se continuer et s'achever. C'est seulement une fois que le mobile a dépassé ces stades que A' est seulement A' et A'' seulement A'', car la présence intentionnelle [28] du terme final dans les étapes qui y mènent les a désertés.

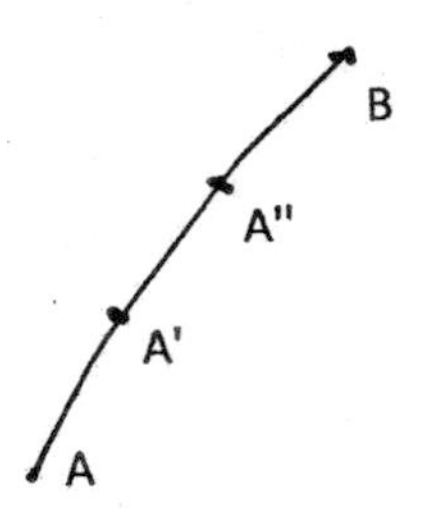

Appliquons ces considérations à l'intellect et à la sensibilité. L'âme, dans son élancement vers son propre accomplissement (l'intellect) fait émaner d'elle à tout instant, constamment, la sensibilité, mais cette

28. Sur la notion d'*intentio* dans la philosophie médiévale, *cf.* A. Hayen, *La théorie de l'intentionnel selon Thomas d'Aquin*, Bruges/Paris, Desclée de Brouwer, 1954 ; R. Pasnau, *Theories of Cognition in the late Middle Ages*, Cambridge, Cambridge University Press, 1997 ; D. Perler, *Theorien der Intentionnalität im Mittelalter*, Frankfurt, Vittorio Klosterman, 2002 ; trad. fr. D. Perler, *Théories de l'intentionalité au Moyen Âge*, Paris, Vrin, 2003.

sensibilité est grosse de toutes les potentialités de l'intellect. Pour la distinguer de la sensibilité au sens étroit du terme, j'appelle cette sensibilité originaire la *sensibilité*. Cette *sensibilité* doit en fait être considérée comme l'intellect, mais donné sous la modalité de la *sensibilité* et ne faisant qu'un avec elle, car l'intellect est la fin du processus.

L'intellect advient ensuite à lui-même comme faculté distincte, donnant naissance par le fait même qu'il émerge de la *sensibilité* à un résidu qui est la sensibilité proprement dite. Le schéma de l'émanation des puissances de l'âme devient dès lors celui que vous avez ci-dessous :

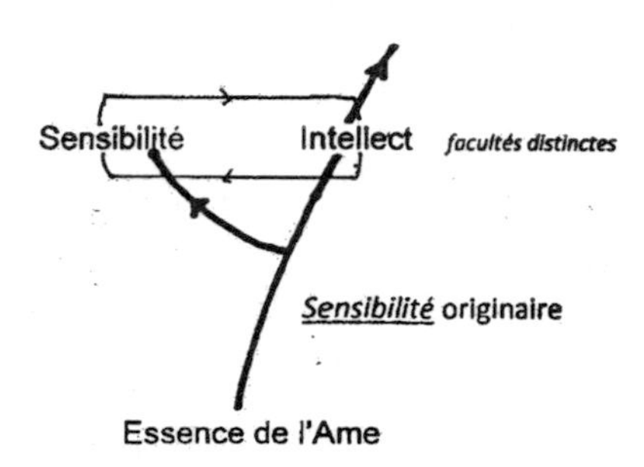

Cette *sensibilité* originaire est ce qui fonde et explique la structure de dépendance mutuelle de l'intellect et de la sensibilité et le fait qu'en tant que faculté distincte, l'intellect compose une structure avec la sensibilité : ils ont besoin l'un de l'autre et cette dépendance mutuelle ne fait que traduire leur origine commune. Cette origine commune n'est autre que la *sensibilité* où le sensible est pétri d'intelligible et où l'intelligible n'est pas encore opposé au sensible.

L'intellect est donc actif sous deux modalités : l'une dans laquelle il saisit les intelligibles dans le sensible, ce qu'il réalise dans la *sensibilité* et l'autre dans laquelle il saisit les intelligibles séparés de la matière ; c'est dans la mesure où, faisant retour sur lui-même, il peut distinguer et comparer ces deux modes d'activité et les objets saisis qu'il peut VOIR l'intelligible séparé comme présent dans l'intelligible présent dans la matière et inversement. Si nous transposons cette problématique à la vision de Dieu en cette vie, nous pourrions dire que c'est en saisissant le monde comme le lieu où s'incarnent les formes, les contenus intelligibles que l'homme bénéficie d'une première expérience de Dieu. Mais c'est seulement lorsqu'il prend conscience que Dieu est transcendant par rapport à toutes ces manifestations, qui sont toutes des phénomènes, que le sujet percevant découvre avoir contribué à constituer, que Dieu est vu réellement comme Dieu. En d'autres termes, la double modalité d'existence de l'intellect permet la vision d'un Dieu immanent dans ses manifestations et pourtant transcendant, de sorte que ses figures, ses représentations doivent et puissent être dépassées pour entrer dans la ténèbre et s'avancer sur la voie de la théologie mystique.

LA QUESTION DES SIGNES DANS LE *COMPENDIUM* DE NICOLAS DE CUES

VINCENT GIRAUD

Le *Compendium*, rédigé en 1464, est l'une des dernières œuvres de Nicolas de Cues. On y retrouve les thèses majeures soutenues par la *Docte ignorance* et le traité *Des conjectures*, mais reprises cette fois à partir de la notion de *signum*, autour de laquelle s'organise l'unité de l'ouvrage et s'exprime son ambition philosophique. La première question et la plus urgente qui s'impose au lecteur est donc la suivante : pourquoi le Cardinal recourt-il au signe pour dire une nouvelle fois, et sur un autre mode, ce qu'il a déjà diversement exprimé dans l'œuvre antérieure ? Il ne s'agira pas tant, dans les pages qui suivent, de détailler la totalité de la doctrine cusaine du signe, moins encore de recenser les influences qui participent à sa formulation – un tel examen demanderait un exposé de plus vastes dimensions, et d'autres, du reste, l'ont déjà en partie mené[1]. Ce qui importe ici davantage, c'est de prendre nettement la mesure de la nécessité et de la portée philosophique que revêt l'appel au signe dans la dernière pensée du Cusain. Or, il se trouve qu'à cette question le texte répond on ne peut plus clairement. Dans les dernières lignes de l'ouvrage, on lit une phrase en laquelle l'auteur exprime en termes simples l'ambition même de l'opuscule :

1. Voir, en particulier, M.-A. Schramm, « Zur Lehre vom Zeichen innerhalb des *Compendiums* des Nikolaus von Kues », *Zeitschrift für Philosophische Forschung* 33-4, 1979, p. 616-620 ; D. Thiel, « *Scientia signorum* und *Ars scribendi*. Zur Zeichentheorie des Nikolaus von Kues », *in* Scientia *und* Ars *im Hoch- und Spätmittelalter* (= *Miscellanea Mediaevalia* 22, 1), Berlin, De Gruyter, 1994, p. 107-125 ; K. Flasch, *Nikolaus von Cues. Geschichte einer Entwicklung*, Frankfurt, Klostermann, 1998, p. 628-633.

> Toute la visée de cet ouvrage tend vers l'unité de l'objet (*tendit tota directio ad unitatem objecti*) en direction duquel l'apôtre Philippe – conduit par le Christ, qui est le Verbe de Dieu – a dit : « Seigneur, montre-nous le Père, et cela nous suffit »[2].

Cette citation finale de Jn 14, 8 éclaire d'un jour rétrospectif et cru la savante élaboration à laquelle s'est livré l'auteur au long des pages qui précèdent. Ce qui appelle la prise en compte du signe n'est autre que la question de l'accès à la manifestation de Dieu[3] comme fin et accomplissement de la vie humaine : « *ostende nobis patrem, et sufficit nobis* ».

La phénoménalité comme voie des signes

Une fois en possession de ce qui constitue la *directio* du traité, sa trajectoire et son but, il est possible d'entendre dans toute leur radicalité les propositions sur lesquelles s'ouvre l'exposé : « L'Un ne peut pas être présent comme tel – ou en soi – dans le multiple, mais seulement tel qu'il est communicable au multiple »[4]. Or, nous vivons dans le multiple, et rien ne s'offre à nous qui ne recouvre une multiplicité, ou ne se compte parmi elle. L'Un, terme de la vision, jamais ne se donne comme tel. En revanche, il reste vrai de dire qu'il se « communique » en toute chose connaissable, dont l'unité est alors saisie. Il faut insister sur ce mot de « communication », qui dispose déjà le plan sur lequel les notions de signe et de verbe feront leur apparition. Ce multiple nous apparaît dans la « connaissance », que celle-ci relève des sens, de l'imagination ou de l'intellect. Le rapport à l'unité primordiale à travers le multiple se laisse alors définir comme signification : « Toutes les choses atteintes par l'un quelconque des modes de savoir [sensation, imagination, intellect] ne font que *signifier* le mode d'être par essence antécédent à toute connaissance »[5]. Et le texte poursuit, explicitant ainsi l'usage du verbe *significare :* « Elles ne sont donc pas la

2. *Comp.*, Épilogue, 45 (HDG, p. 33). Cette étude a été rédigée avant que ne paraisse la traduction française due aux soins d'Hervé Pasqua.

3. Sur ce thème central de la pensée du Cusain, voir J. Wolter, *Apparitio Dei. Der Theophanische Charakter der Schöpfung nach Nikolaus von Kues*, Münster, Aschendorff, 2004, particulièrement p. 276 *sq* (« *Apparitio Dei* als Schlüsselbegriff des Cusanischen Denkens »).

4. « Unum in multis non potest esse singulariter seu uti in se est, sed modo multis communicabili », *Comp.*, I, 1 (HDG, p. 3).

5. « Omnia quae attinguntur quocumque cognoscendi modo, illum priorem essendi modum tantum significant », *ibid.*

réalité elle-même, mais des ressemblances, formes ou signes de cette réalité [antérieure à toute connaissance] »[6].

À partir de ces fortes formules, on devine déjà le statut qu'il convient ici de reconnaître à la connaissance (*scientia*). Cette dernière ne doit nullement être réduite au savoir scientifique, ou certain, mais, en tant qu'elle relève aussi bien des sens et de l'imagination que de l'intellect, la *scientia* sur laquelle s'ouvrent ces premières pages englobe tous les modes du donné. La position selon laquelle « il n'y a pas de science de l'Un du sein du multiple » signifie que l'Un n'est jamais phénoménalement donné à l'homme. La manifestation – ce qui nous apparaît – est d'emblée pensée comme un mode de connaissance, de telle sorte que le concept de celle-ci s'identifie aussitôt avec la phénoménalité elle-même. Malgré les apparences, les premières lignes du *Compendium* nous présentent non pas à proprement parler une thèse sur la connaissance – qui fut développée dès la *Docte ignorance* –, mais une réflexion sur la teneur de l'apparaître. C'est à notre avis ce qui fait la force et l'originalité de l'ouvrage. L'Un – qui, on s'en souvient, est l'unique objet de l'investigation, et dont la manifestation seule nous suffirait (Jn 14, 8) – n'apparaît pas comme tel. Au lieu de lui, c'est le multiple qui fait l'étoffe de la phénoménalité. Mais voici le point décisif : la mention de la connaissance et son identification à l'apparaître permet finalement de qualifier ce multiple. En effet, si la *scientia*, en son sens le plus large, n'est rien d'autre que ce qui peut nous être phénoménalement donné selon un mode ou un autre ; si d'autre part la connaissance, quel que soit son degré, a toujours pour matière des signes, et en procède ; alors il s'ensuit que l'apparaître lui-même, la *manifestation*, doit être pensée intégralement comme *signification*. L'apparaître est multiplicité des signes à travers lesquels se communique diversement l'Un.

Au niveau des étants individuels, cependant, ce qui vaut pour l'Un doit être affirmé aussi bien de toute singularité, dont l'unité échappe comme telle à l'empire de la phénoménalité et, ainsi, aux prises de la connaissance. Une chose existe évidemment avant d'être connaissable[7], et ce mode d'être reste par définition exclu de toute donation (sensible, imaginative ou intellectuelle) à partir de laquelle on pourrait en prendre connaissance. La chose ne se livre que dans son être-connu, c'est-à-dire une fois passée au prisme de nos facultés qui en décomposent et en assemblent l'unité, laissant ainsi dans l'ombre son mode d'être original, son unité primordiale

6. « Et hinc non sunt ipsa res, sed similitudines, species aut signa eius », *ibid.*
7. « Deinde negari nequit, quin prius natura res sit quam sit cognoscibilis », *ibid.*

et authentique. De cette dernière, Nicolas de Cues écrit : « il n'y a donc pas de connaissance de ce mode d'être, bien qu'on voie avec certitude qu'un tel mode existe »[8]. On ne peut s'empêcher de penser qu'il y a là quelque chose rappelant la chose-en-soi telle que la conceptualisera Kant. Mais l'auteur du *Compendium* pense en termes de multiplicité et d'unité ce que la *Critique de la raison pure* formulera en termes de phénomène et de chose en soi. L'inconnaissance de la chose selon son mode d'être primitif signifie ici l'impossibilité d'accéder à la chose dans sa singularité et son originelle unicité[9]. Pour plus de clarté, prenons l'exemple d'un individu, l'homme nommé Platon, donné au paragraphe 11 : « Platon, qui [en son identité propre] n'admet pas de plus et de moins [*i. e.* de degrés], est vu seulement *par accident*, au moyen de signes visibles qui le caractérisent »[10]. Voir quelqu'un, ce n'est jamais en saisir l'unité, ce qui serait entrer en possession de son essence, c'est collecter les signes épars que projette son unité une fois offerte à nos facultés de connaissance. Toute unité n'est ainsi pour nous que recomposée – ou « conjecturée » – à partir des signes en lesquels elle se diffracte de façon à la fois incomplète, partielle, mouvante et variée.

L'épineux problème de la connaissance du singulier, repris à partir de la perspective de l'un et du multiple, se solde finalement par un déni, assorti d'une clause concessive : non, nulle singularité ne nous est jamais donnée comme telle; mais il est vrai de dire, cependant, qu'il existe des *effets de singularité*, assemblages reflétant plus ou moins fidèlement la réalité elle-même inaccessible. Pour chaque chose rencontrée ou vue, nous ne disposons que de ses signes, eux-mêmes susceptibles de degrés. L'audace du Cusain s'exprime nettement à travers la torsion qu'il fait subir au vocabulaire de l'ontologie, le signe étant présenté comme un équivalent de l'accident (*per accidens in signis*)[11]. De là, il n'y a qu'un pas à franchir

8. « Igitur de essendi modo non est scientia, licet modum talem esse certissime videatur », *Comp.*, I, 1 (HDG, p. 3).

9. Nicolas de Cues rejoint ainsi la thèse érigénienne affirmant le caractère inconnaissable de toute οὐσία (créée, car Dieu n'est pas pour Jean Scot une οὐσία; voir *Peri.*, I, 464 A : « ...nullam substantiam seu essentiam sive visibilis sive invisibilis creaturae intellectu vel ratione comprehendi posse... » ; voir également, *Peri.*, I, 443 B (t. 161, p. 5 et p. 120-121 ; trad. Bertin, p. 67-68, et la n. 8, p. 198).

10. « Non videtur nisi per accidens in signis visibilibus, quae ei accidunt », *Comp.*, V, 11 (HDG, p. 9).

11. Ici encore, on ne peut qu'être frappé par la proximité avec le passage déjà mentionné du *Periphyseōn* : « Quicquid autem in omni creatura vel sensu corporeo percipitur seu intellectu consideratur nihil aliud est nisi quoddam accidens incomprehensibili, ut dictum est,

pour faire du concept concomitant, celui de substance, le signifié auquel toute phénoménalité renvoie sur le mode de la représentation signifiante sans pour autant le manifester comme tel : « les signes naturels sont des représentations des signifiés singuliers »[12]. Le singulier ne peut être qu'infiniment approché au moyen de ses signes, sans que ne se trouve jamais atteinte la substance qui fait seule la formule de son identité[13]. Les signes constituent donc l'unique voie d'accès à la connaissance, pour la raison qu'ils sont l'étoffe même de toute saisie phénoménale : « Par conséquent, pour autant qu'une chose tombe dans la connaissance, elle est appréhendée au moyen de signes »[14].

LA NATURE DU SIGNE ET LA HIÉRARCHIE INTÉRIEURE

Qu'entendre alors par « *signum* », et qu'est-ce qui entre dans sa définition ? Si le signe est reconductible aux formes que prend pour nous l'apparaître dans son rapport à l'Un et au singulier, il doit en épouser les moyens. Le premier d'entre eux est la sensibilité, et Nicolas peut donc dire qu'à ce niveau du moins « tous les signes sont sensibles »[15], signifiant les choses soit par nature, soit par convention. Mais cette première détermination ne qualifie que les signes matériels, à leur niveau le plus subalterne. Dès lors qu'on s'élève dans la hiérarchie des facultés, on voit naître des types plus raffinés de signes, non plus extérieurs cette fois, mais intérieurs et mentaux. Sur le terrain sensible, ce qui apparaît se duplique en l'esprit, produisant « une forme ou signe de lui-même (*speciem seu signum sui*) »[16]. La mémoire intervient pour maintenir cette forme dans l'imagination en l'absence de son objet, et la mémoire n'a finalement pas d'autre définition que d'être ce pouvoir même de faire persister le signe :

unicuique essentiae », I, 443 B, *op. cit.*, p. 5. Le recours systématique à la notion de *signum* permet à l'auteur du *Compendium* de tirer toutes les conséquences qu'impose la position érigénienne sur les plans gnoséologique et noétique.

12. « Signa naturalia species sunt singularium signatorum », *Comp.*, V, 14 (HDG, p. 10).

13. *Comp.*, V, 11 (HDG, p. 9) : « Cum autem perfectio signorum recipiat magis aut minus, nullum signum umquam erit ita perfectum et speciale, quin possit esse perfectius. Singularitatis igitur, quae non recipit magis et minus, nullum est dabile signum ».

14. « Res igitur, ut cadit in notitia, in signis deprehenditur », *Comp.*, II, 3 (HDG, p. 4).

15. « Signa omnia sensibilia sunt », *Comp.*, II, 5 (HDG, p. 5).

16. *Comp.*, IV, 8 (HDG, p. 8).

> les choses désignées (*res designatae*) demeurent à l'intérieur de notre faculté d'imaginer (*manent in interiori phantastica virtute*) – de la même façon que les mots demeurent écrits sur le papier après que la parole prononcée a cessé. Et cette persistance peut être appelée mémoire (*quae remanentia memoria potest appellari*)[17].

Entre la perception sensible actuelle et la persistance différée dans la mémoire, on passe du domaine des sens à celui de l'imagination (*phantastica*)[18], inaugurant ainsi un nouveau rang de signes, plus spirituels que les premiers, parce que les redoublant :

> dans l'imagination, les signes des objets sont les signes des signes qui sont en nos sens (*sunt igitur signa rerum in phantastica signa signorum in sensibus*). Car il n'y a rien de l'imagination qui n'ait été d'abord présent dans les sens[19].

Mais c'est au niveau intellectuel que se situe le plus haut signe :

> Seul l'homme est en quête d'un signe (*signum quaerit*) qui soit libre de toute connotation matérielle et qui soit intégralement formel, représentant (*representans*) la forme simple d'une chose, laquelle forme donne à cette chose son être[20].

Une telle hiérarchie intérieure, qui s'étend du signe perçu au signe pensé, en passant par ceux de la mémoire et de l'imagination, recouvre la totalité des objets qui peuvent nous être donnés. Du corps perçu au concept, rien n'échappe au signe, dont le règne recouvre l'entièreté de l'apparaître. La phénoménalité s'étage en l'homme selon une hiérarchie signifiante qui part de la multiplicité et tend vers l'unité : sensibilité, mémoire, imagination, raison, intellect. Car, si le caractère inaccessible et incompréhensible de l'Un – mais aussi de l'essence de l'étant singulier – rendent nécessaire le signe, ce dernier doit néanmoins s'intellectualiser et se formaliser de façon à s'approcher toujours davantage de la Forme, au-delà de ses accidents incarnés dans les signes sensibles. L'effort de conceptualisation n'implique donc nullement une sortie du régime des signes, mais s'impose comme son degré le plus raffiné et le plus haut. Tel est l'homme que son désir de voir ne peut se passer de reflets, mais doit chercher parmi ces

17. *Comp.*, IV, 9 (HDG, p. 8).
18. Nicolas de Cues ne semble faire ici aucune distinction entre cette *phantastica* et l'*imaginatio* nommée parmi les autres facultés en *Comp.*, I, 1 (HDG, p. 3).
19. *Comp.*, IV, 9 (HDG, p. 8).
20. *Comp.*, IV, 10 (HDG, p. 9).

reflets mêmes ceux qui sont le mieux à même de manifester la Face inaccessible et l'Unité indicible.

> L'Incompréhensible ne peut pas être vu exister autrement que dans un mode d'être (*modus essendi*) incompréhensible, et ce mode d'être qui est incompréhensible selon les termes de tout mode compréhensible, est la Forme d'être (*forma essendi*) de toutes choses existantes. Cette Forme, tout en demeurant incompréhensible en toutes choses existantes, brille dans les signes intellectuels (*in intellectualibus signis*), de même que la lumière brille dans les ténèbres, qui ne la comprennent pas du tout (*cf.* Jn 1, 5)[21].

Dans cette approche, toujours à reprendre, et dont le meilleur des signes ne peut jamais constituer qu'une lumineuse approximation, deux appuis se présentent : du côté du monde, la Création, expression de son auteur divin; du côté de l'homme, la formation et l'invention des médiations signifiantes[22].

LES SIGNES DE LA CRÉATION ET LA CRÉATION DES SIGNES

Il n'est guère besoin d'insister sur le caractère signifiant que Nicolas de Cues, avec tout le Moyen Âge chrétien, reconnaît au monde créé[23]. Le paragraphe 21 déploie ce thème avec toute la clarté requise :

> Dans la créature, qui est un signe du Verbe incréé, il [*i. e.* le Créateur de toutes choses, *formator omnium*] se manifeste diversement en une variété de signes; et rien ne peut être qui ne soit signe de la manifestation du Verbe engendré[24].

21. *Comp.*, VIII, 24 (HDG, p. 19-20).

22. Nous disons *deux* appuis, et non trois, tant il est vrai que le Christ ne joue aucun rôle explicite dans le traité. On n'en trouve qu'une seule mention, dans l'Épilogue, 45 (« per Christum, qui Verbum Dei »). Le *Compendium* n'exploite pas la christologie exposée au livre III de *La Docte ignorance*. Le lieu et les termes mêmes de cette unique mention sont néanmoins significatifs : une méditation du Verbe incarné sous-tend tous les développements du traité relatifs au *verbum* (voir en particulier *Comp.*, VII, 19-21, HDG, p. 14-17 ; X, 28, HDG, p. 22-23) et au *signum*.

23. « Donc, toutes les choses créées sont des signes du Verbe de Dieu (*Omnia igitur creata signa sunt Verbi Dei*) », *Doct. Ignor.*, III, 11, 247 (HDG, p. 154/Pasqua, p. 277).

24. « In creatura, quae est increati verbi signum, se ostendit in variis signis varie, et nihil esse potest, quod non sit signum ostensionis geniti verbi », *Comp.*, VII, 21 (HDG, p. 16).

Il faut noter ici que le caractère de signe est directement lié au pouvoir-être, dont la source se situe dans le *posse esse* divin, et dont toute créature, en tant qu'elle est, participe[25]. Il n'y a donc pas de participation qui ne soit en même temps signification. La participation est possible comme signification – car le signe conserve l'écart infranchissable du participant au participé, du créant au créé, et préserve ainsi l'inviolabilité de l'Un tout en permettant sa communication. En outre, cette participation s'accomplit selon des modes eux-mêmes divers (*varie*), qui donnent lieu à une multiplicité signifiante (*variis signis*). Le déplacement de l'ontologique vers le signe – déjà relevé avec l'usage de la catégorie d'accident – est requis par le caractère d'ostension reconnu au créé. L'emploi privilégié d'*ostendere*, *ostentio*, pour parler du monde renvoie directement à l'usage de ce verbe en Jn 14, 8 (*ostende nobis patrem, et sufficit nobis*), tel que cité à la fin du traité. Le créé montre le Verbe, qui en retour se manifeste et s'indique en lui : « *signum ostensionis* »[26].

Que s'agit-il alors d'atteindre? La Forme dont toute créature est l'expression, l'ex-plication. Or, développant une analogie avec la phrase prononcée[27], Nicolas de Cues peut affirmer que cette Forme n'est autre que l'intention du locuteur divin. De même que la phrase n'est pas la somme des lettres et des mots qui la composent, mais l'intention qui l'anime, son sens et son but, de même la définition de toute créature se résume à l'intention selon laquelle son Créateur la fait être. L'*intentio* commande le signe, s'exprime en lui, mais ne s'y réduit pas. Le créé invite donc à un dépassement du signe vers sa cause divine.

Mais l'originalité de la pensée cusaine sur ce terrain tient à la réponse apportée à une telle exigence de dépassement. Prenant acte de l'impulsion vers l'au-delà de tout signe, élan par lequel l'homme tend vers son bonheur, sa destination et sa fin[28], l'auteur du *Compendium* n'en oublie pas pour

25. *De poss.*, 16 (HDG, p. 21 : « Quod enim factum est, in posse esse semper fuit, sine quo factum est nihil. Patet possest omnia esse et ambire, cum nihil aut sit aut possit fieri, quod non includatur »).

26. *Comp.*, VII, 21 (HDG, p. 16).

27. Voir, *Comp.*, IX, 25 (HDG, p. 20-21).

28. *Doct. ignor.*, III, 10, 241 (HDG, 150/ Pasqua, p. 271) : « ...son ultime désir [à l'intellect] est de ne désirer rien d'autre que saisir la vérité même, non en énigme ou à travers des signes (*non in aenigmate aut signis*), mais avec la plus grande certitude, face à face... » ; et III, 10, 242 (HDG, p. 151/Pasqua, p. 273) : « Et puisque notre Dieu, qui est appréhendé comme étant la vie éternelle, est au-delà de ce que tout intellect peut comprendre, ces joies éternelles qui dépassent notre intellect sont plus grandes que ce que tout signe peut exprimer (*maiora sunt quam ullo signo tradi possint*) ».

autant les conditions qui l'ont conduit à assimiler la phénoménalité au règne du signe. Il n'y a pas, en cette vie, de saisie possible de l'absolu, de l'Un, du non-autre, du *potest*. En revanche, il existe des façons de s'en approcher. Nicolas de Cues propose alors la voie paradoxale d'une sortie du signe par la création de signes toujours plus adéquats – parce que plus abstraits – et plus proches de leur objet. La voie traditionnelle – que l'on peut qualifier sommairement d'augustinienne – fut toujours de suivre le signe en mettant en œuvre une interprétation, une lecture qui conduise à son absentement final dans le grand jour de la vision[29]. Le Cusain, tout en reconnaissant le bien-fondé d'une telle herméneutique du créé, met en place un schème concurrent à celui de l'interprétation et que l'on peut nommer *d'invention*. Parcourir le chemin qui va du signifiant au signifié, cela ne se fait pas par estompement du signifiant, mais par multiplication raisonnée des signes. Pour reprendre les termes qui étaient ceux de la *Docte ignorance*, on dira que, du polygone au cercle, on ne va que par la multiplication, infiniment à reprendre, des côtés :

> L'intellect, qui n'est pas la vérité, ne comprend jamais la vérité avec une précision telle qu'il ne puisse la comprendre de manière infiniment plus précise. Il est à la vérité ce que le polygone est au cercle dans lequel il s'inscrit; plus il y aura d'angles, plus il sera semblable au cercle sans jamais, toutefois, devenir égal à lui; même si on multiplie à l'infini les angles, il ne s'identifiera pas au cercle[30].

Ce que les côtés ou les angles sont à la figure, les signes intellectuels le sont à la connaissance. Toute approche du Premier Principe repose donc sur un acte authentique de *création* imputable à l'esprit humain : « L'homme tient de sa puissance intellectuelle (*ex vi intellectuali*) la capacité d'assembler et de diviser les formes naturelles et d'élaborer (*facere*) à partir d'elles des formes intellectuelles et artificielles ainsi que des signes conceptuels (*signa notionalia*) »[31]. D'où l'insistance enthousiaste sur les arts libéraux (grammaire, poésie, musique, rhétorique, logique...)[32],

29. Voir notre ouvrage, *Augustin, les signes et la manifestation*, « Épiméthée », Paris, P.U.F., 2013.

30. *Doct. Ignor.*, I, 3, 10 (HDG, p. 9/Pasqua, p. 10).

31. *Comp.*, VI, 18 (HDG, p. 14).

32. Là où Augustin préconisait pour sa part – dès la période de Cassiciacum – une prudente réserve. Voir *De ordine*, II, 4, 14 (« *moderate utatur* ») ; et aussi, *Soliloquia*, II, 20, 35 ; *Conf.*, IV, 16, 30 ; *Retractationes*, I, 3, 2.

proclamés « signes de la nature (*signa naturae*) »[33]. Forger de tels signes, toutefois, ce n'est pas retomber dans une adoration de la créature pour elle-même – contre laquelle mettait en garde le *De filiatione Dei*[34], mais développer les universaux qui se trouvent en l'intellect par le moyen d'une approche de la nature. Il faut ici citer un peu longuement quelques phrases de la *Docte ignorance*, où ce point avait déjà été établi :

> Mais l'acte d'intelliger de l'intellect (*intelligere ipsius intellectus*), quant aux choses intelligées, suit l'être, le vivre et l'intelliger par ressemblance avec la nature (*naturae in similitudine*). C'est pourquoi les universaux qu'il forme par comparaison sont une ressemblance des universaux contractés dans les choses. Ces universaux sont déjà dans l'intellect lui-même de manière contractée, avant que celui-ci ne les explique dans leurs caractères externes (*exteris illis notis explicet*) par l'acte d'intelliger, qui est son opération propre. En effet, l'intellect ne peut rien intelliger qui ne soit déjà, en lui, de manière contractée. Donc, en intelligeant il explique, par le moyen de caractères et de signes reposant sur des ressemblances (*notis et signis similitudinariis explicat*), un monde de ressemblances (*mundum quendam similitudinarium*), qui est contracté en lui[35].

Finalement, la création des signes intellectuels exprime la vocation de l'homme dont la fin se situe au-delà de tout signe. En cela, l'homme appartient bien au même règne que « tous les êtres vivants (*omnia viventia*) [qui] tirent des choses sensibles autant de formes (*species*) que nécessaire à leur bien être (*ad bene esse necessariae*) »[36]; mais, parmi eux, il se distingue par l'usage de sa « puissance rationnelle (*vis ratiocinativa*) »[37], qui lui permet de développer les arts et les sciences. Cette activité rationnelle n'est pourtant elle-même que le signe d'une destination plus haute : le « bien être » de l'homme n'est pas celui de la fourmi, du lion ou de l'arbre, et sa nourriture est spirituelle autant que matérielle. Si les animaux, chacun selon son espèce, forment des signes, usent de mémoire et d'imagination afin de pourvoir à leur survie, l'homme, quant à lui,

33. *Comp.*, IX, 26 (HDG, p. 21).

34. *Fil. Dei*, II, 60 : « Ceux qui trouvent plutôt leur plaisir dans les signes (*qui in signis potius delectantur*) ne parviendront pas à la maîtrise de la philosophie, mais resteront ignorants, et tomberont au niveau des écrivains, des peintres, des orateurs, des chanteurs ou des joueurs de cithare » (HDG, p. 45/Pasqua, p. 97).

35. *Doct. ignor.*, II, 6, 126 (HDG, p. 81/Pasqua, p. 72, trad. légèrement mod.).

36. *Comp.*, VI, 16 (HDG, p. 11-12).

37. *Comp.*, VI, 17 (HDG, p. 13).

> tire des signes sensibles des formes [*i. e.* des signes intellectuels] qui conviennent à sa nature propre [...]; et puisqu'il est de nature rationnelle (*rationalis naturae*), il tire des formes qui conviennent à sa nature, afin, par leur moyen, d'être en mesure de raisonner convenablement et de trouver une nourriture adéquate (*conveniens alimentum*), tant corporelle pour le corps que spirituelle pour l'esprit ou l'intellect (*spiritui seu intellectui*)[38].

Le perspectivisme du Cusain l'amène à reconnaître en tout vivant une création ou invention de signes orientée en vue de sa fin. Mais la fin de l'homme, c'est la vision de Dieu comme Unité et Égalité pure : « L'objet de toute puissance de connaître ne peut donc être rien d'autre que l'Égalité elle-même, qui peut se manifester dans ses ressemblances »[39]. Ou encore :

> La vision de l'esprit ne désire pas (*non appetit*) les choses multiples et variées (*multas et varias*), puisqu'elle n'incline (*non inclinatur*) pas vers les choses multiples et variées, mais est naturellement portée vers cela (*ad id fertur*) en comparaison de quoi rien n'est plus puissant, en la vision duquel elle trouve sa vie et son repos (*in cuius visione vivit et quiescit*)[40].

La tâche propre de l'humain sera ainsi de forger des signes toujours mieux capables d'approcher – c'est-à-dire d'égaler par leur ressemblance – celui qui s'annonce sur le mode du miroir et de l'énigme (1 Co 13, 12), sans jamais se montrer tel qu'il est (*sicuti est*, 1 Jn 3, 2).

L'HOMME-SIGNE OU L'IMAGE DE DIEU

Le propre de l'homme tient donc dans ce pouvoir de créer des signes, lequel redouble la création divine de son propre réseau de ressemblances afin d'atteindre l'Égalité même qui se tient au cœur de toute ressemblance. C'est le sens de l'analogie avec le géographe, que l'on trouve développée aux paragraphes 22 et 23. L'auteur du *Compendium* écrit : « un animal parfait (*animal perfectum*), en lequel on trouve sensibilité et intellect (*sensus et intellectus*), doit être comparé à un géographe qui habite une cité dont les cinq portes sont les sens »[41]. Par ces cinq portes entrent les messagers qui rapportent tout ce qu'ils ont trouvé dans le monde : visions,

38. *Comp.*, VI, 16 (HDG, p. 12).

39. « Objectum igitur omnis potentiae cognitivae non potest esse nisi ipsa aequalitas, quae in sua similitudine ostendere potest », *Comp.*, X, 32 (HDG, p. 25).

40. *Comp.*, Épilogue, 45 (HDG, p. 34-35).

41. *Comp.*, VIII, 22 (HDG, p. 17).

sons, goûts, parfums, contacts. C'est à partir de ces représentations qui lui parviennent par les sens que l'esprit-géographe élabore sa représentation raisonnée du réel, qui est comme « une carte bien ordonnée et proportionnellement mesurée »[42]. La carte désigne ici le passage des signes sensibles aux signes intellectuels. Mais l'intention de Nicolas de Cues, par le biais de cette analogie, vise à davantage. Une fois la carte dressée, le géographe ferme les portes de ses sens et tourne son regard intérieur vers le Créateur du monde, qui n'est aucune des choses au sujet desquelles les messagers lui ont fait rapport, mais qui est l'Auteur et la Cause de toutes ces choses. L'introduction de la carte – qui représente l'ensemble des signes intellectuels forgés par l'homme à partir des données des sens mais aussi de l'ordre et de la proportion mesurés par la raison – établit un quatrième terme qui s'ajoute à ces trois autres que sont l'homme, le monde et Dieu. Ce que le Créateur est au monde, le géographe l'est à sa carte : « Il pense que ce suprême Auteur se tient antérieurement (*anterioriter*) en relation avec le monde, de même que lui, comme géographe, se tient en rapport avec sa carte »[43]. Mais l'essentiel est dans ce qui suit :

> Et à partir de la relation de sa carte au monde réel il voit en lui-même (*speculatur in se ipso*), en tant que géographe, le Créateur du monde – il le voit quand il contemple mentalement (*mente contemplando*) la vérité dans son image (*in imagine veritatem*) et quand il contemple au moyen de son signe cela même qui est signifié (*in signo signatum*)[44].

L'analogie n'établit donc pas comme signe suprême le signe intellectuel, ni même l'agencement raisonné de tels signes en une totalité ordonnée, mais plutôt l'homme lui-même, envisagé en tant que créateur de signes. Ce n'est pas la carte – la création rationnelle – qui est le plus haut signe de la divinité, mais le pouvoir créateur intellectuel dont l'homme est le dépositaire, et qui lui a permis de produire une telle carte :

> Et ainsi il [*i. e.* le géographe] trouve en lui-même le premier et plus proche signe du Créateur (*in se reperit primum et propinquius signum conditoris*). Dans ce signe, la puissance créatrice (*vis creativa*) brille davantage qu'en aucun animal connu[45].

42. *Comp.*, VIII, 23 (HDG, p. 18).
43. *Ibid.*
44. *Ibid.*, p. 18-19.
45. *Ibid.*, p. 19.

La hiérarchie des signes culmine donc dans l'esprit humain lui-même, qui est puissance d'engendrement des signes intellectuels, et capable d'une approche pensante de la divinité.

Le Cusain retrouve bien entendu le thème de l'*imago Dei*, mais substitue cette fois le terme *signum* à celui d'*imago*. Déjà, dans une méditation parallèle, le *De ludo globi* avait établi une équivalence entre ces deux termes, à partir de la parabole du denier de César : « ce qui fait que le métal est une pièce, c'est l'image ou le signe (*imago seu signum*) [gravé sur elle] de celui dont elle provient »[46]. Le *De Genesi* parlait en outre de la nature intellectuelle comme d'un sceau (*signaculum*) de la Cause véritable et absolue[47]. Mais le *Compendium* va plus loin, faisant en termes propres de l'esprit humain tout ensemble le signe et la manifestation de Dieu :

> L'esprit humain (*humana mens*) voit naturellement en soi-même – son soi envisagé comme une vivante et intelligente manifestation de l'Égalité suprême (*viva et intelligens eius apparitio*) – une manifestation de l'Égalité, une manifestation que nous nommons une chose singulière constituée dans le reflet resplendissant de l'Égalité suprême. Car l'esprit humain – en tant que première manifestation (*prima apparitio*) de la connaissance que le prophète appelle la lumière de la face de Dieu qui a été gravée sur nous (*super nos signatum*) – n'est pas autre chose qu'un signe de la co-égalité divine (*signum coaequalitatis*)[48].

La *prima apparitio* est donc un *primum signum*, par différence avec les *ultima signa* fournis par les sens. Et cette manifestation première en laquelle Dieu se montre et se signifie s'incarne en une activité par laquelle l'homme s'apparente à son auteur selon une pratique créatrice et féconde de l'Égalité.

La signification, comme domaine des signes et de leur pratique, désigne pour Nicolas de Cues la sphère et le mode d'une habitation active du multiple en vue de l'Un. Jamais on ne sort des signes, nous acheminant bien plutôt vers ce qui en nous est le signe suprême, comme pouvoir créateur de significations plus hautes. On a vu que l'esprit humain, *imago Dei*, devait être dit identiquement *prima apparitio* et *signum*. Cette identité est remarquable. Par elle, il nous est dit que l'apparaître ne s'affranchit pas des signes, mais s'en compose et s'en nourrit, l'esprit humain pressant par

46. *Dialogus de ludo globi*, 116 (HDG, p. 142).
47. Voir *Dia. Gen.* 169 et 187 (HDG, p. 120-121 et p. 129).
48. *Comp.*, X, 33 (HDG, p. 26).

son pouvoir créateur les signes de la divinité jusqu'à leur faire rendre leur pleine teneur d'apparaître. L'homme avance ainsi dans la ressemblance, laquelle requiert son activité pensante. S'il y a un travail de la ressemblance, il est donc à prendre au double sens du génitif : objectif bien sûr, forger et assembler des signes expressifs ; mais aussi, plus profondément, subjectif : c'est la ressemblance qu'est l'homme qui s'affine et s'accomplit dans le travail du signe. Ainsi s'exprime l'auteur du traité des *Conjectures :*

> Les conjectures doivent procéder de notre esprit, comme le monde réel procède de la raison divine infinie. En effet, dans la mesure où l'esprit humain, qui est une éminente ressemblance de Dieu, participe autant qu'il le peut à la fécondité de la nature créatrice, il produit de lui-même, à titre d'image de la forme toute-puissante, des êtres de raison à la ressemblance des étants réels. L'esprit humain existe donc à titre de forme du monde conjectural comme l'esprit divin à titre de forme du monde réel[49].

Ici se trouve peut-être l'une des plus vives illustrations de l'optimisme anthropologique du Cusain[50] : loin de clore sur elle-même la condition malheureuse, le miroir et l'énigme (1 Co 13, 12) deviennent le lieu actif d'une réforme de cette image qu'est l'homme, par la restauration et la pratique de son pouvoir créateur : « Notre ignorance nous enseignera comment nous, qui travaillons péniblement au milieu d'énigmes, pouvons avoir sur le Très-Haut une pensée plus correcte et plus vraie »[51]. La connaissance conjecturale, expression elle-même d'une phénoménalité intégralement reconductible aux signes qui la constituent, se fait ainsi le vecteur d'une production de soi à l'image de Dieu.

49. *Conj.*, I, 5 (HDG, p. 7/Counet, p. 4-6).

50. C'est le point de départ qu'adopte F. Vengeon dans son ouvrage, *Nicolas de Cues : Le monde humain*, Grenoble, Millon, 2011, p. 7 : « On a trop peu remarqué à quel point Nicolas de Cues valorise l'esprit humain. Il affirme que l'homme est le "dieu humain" (*deus humanus*) du "monde humain" (*mundus humanus*) ! L'homme développe par ses forces propres le monde dans lequel il évolue. C'est l'œuvre de l'art des conjectures (*ars coniecturum*), par lequel l'esprit produit les notions qui lui permettent d'appréhender le Principe, l'univers et lui-même ».

51. *Doct. ignor.*, I, 12, 33 (HDG, p. 24/Pasqua, p. 83).

L'UN SANS L'ÊTRE
LE STATUT MÉONTOLOGIQUE DE LA CRÉATURE

HERVÉ PASQUA

Nicolas de Cues écrit deux opuscules, le *De aequalitate* et le *De principio* qui sont publiés l'un à la suite de l'autre la même année, en 1459. Dans le premier, il montre que l'Égalité se confond avec l'Intellect qui est « l'égalité de l'égalité avec l'égalité ». Cette Égalité parfaite exprime l'unité pure et nue de l'Un, elle est animée d'une force interne caractérisée par la fécondité. L'Unité n'est pas l'Unité pure et stérile précédant toute connaissance : elle est l'Unité qui se féconde dans l'Égalité à soi au-delà de toute opposition. L'Égalité, en effet, est une répétition de l'Un, mais sans dédoublement, sans différence. Dans l'Égalité, l'Un ne s'oppose pas à l'Un. L'Un qui se pense ne pense rien d'autre que l'Un. La pensée n'ajoute rien à l'Un, elle se confond avec lui.

L'acte de s'égaler, la « répétition » de l'Unité originaire, son auto-multiplication « non multipliable » est donc un acte d'intelliger. L'Un n'est pas un acte d'être. Comment l'Un pourrait-il rester un s'il était, en plus d'être un, un être? Telle est la question fondatrice du néoplatonisme formulée de la manière la plus aiguë par le *Parménide* de Platon et reprise par le Cusain dans le *De principio* à travers le commentaire de Proclus. Si l'Un est un, il n'est pas [1] ! La seule façon pour l'Un de s'affirmer comme Un est de se nier comme Être. Être est une imperfection pour l'Un. Tout ce qui est, est dès lors de trop pour la pureté de l'Un. L'Un et l'Être ne sont pas convertibles.

1. *Cf.* Platon, *Parménide*, 137c *sq.*

Cette réponse est anti-aristotélicienne et s'oppose à la pensée thomasienne selon laquelle l'Être est un: il n'est pas l'Un. Dans cette perspective, inverse au néoplatonisme, l'Être et l'Un sont convertibles, l'unité est une perfection de l'Être qui, en tant que « perfection de toutes les perfections », ne saurait se diviser. En d'autres termes, l'Un n'est pas au-dessus de l'Être, il en est une perfection : l'indivisibilité. C'est une remise en question de la thèse principale du platonisme et du néoplatonisme : ce n'est pas l'Un qui demeure un dans le mouvement d'auto-affirmation de soi, c'est l'Être.

Nicolas de Cues prend le parti de penser l'Un sans l'être. Il ne lui reste plus, dès lors, qu'à analyser le rapport de l'Un avec lui-même. Et puisque l'Un, et non pas l'Être, doit rester Un, le seul rapport concevable de lui-même avec lui-même est l'Égalité telle que l'analyse le *De aequalitate*. La répétition ne peut être différence[2]. Le rapport entre Unité et Égalité ne peut être que de même nature: l'Un est «l'égalité de l'égalité avec l'égalité». L'Un n'est autre que l'Un, en tant qu'Intellect. Plus précisément, dans la perspective du *De principio*, qui complètera la spéculation du *De aequalitate*, c'est parce qu'il est l'Un sans l'être qu'il est Intellect.

Le *De principio* part du passage de l'Évangile de saint Jean, « Toi qui es-tu? Jésus répond: je suis le Principe, moi qui vous parle»[3]. Cette question offre à Nicolas de Cues l'occasion de traiter du Principe, à la fois un et trine, comme fondement de la multiplicité du monde des étants. Il développe son analyse en s'appuyant sur le *Commentaire du Parménide de Platon* de Proclus[4].

Ce qui est divisible, dit d'emblée Nicolas, n'a pas en soi le fondement de son être. Pouvant en effet être divisé, il ne peut pas être : *partibile autem cum possit partiri, potest non esse*[5]. Ce «pouvoir ne pas être» est le vrai

2. G. Deleuze les a distinguées, comme le titre de sa thèse l'indique: *Différence et répétition*, «Epiméthée», Paris, P.U.F., 2011), thèse dirigée par M. de Gandillac, lecteur de Nicolas de Cues comme chacun sait. Il les distingue dans une perspective qui rejette toute unification possible, ce qui le met devant la difficulté de la neuvième hypothèse du *Parménide* (160b *sq.*) qui montre que sans l'Un le multiple est impensable.

3. Jn 8, 25.

4. *Cf.* W. Beierwaltes, «Cusanus und Proklos. Zum neuplatonischen Ursprung des non-aliud», *in* G.C. Sansoni (éd.), *Nicolo Cusano agli inizi del mondo moderno*, Padova, Publicazioni della Facolta di Magistero, XII, 1970, p. 175-185; R. Klibansky, «Ein Proklos Fund und seine Beteutung», *in* W. Aly (Hrsg.), *Sitzungsberichte des Heidelberger Akademie der Wissenschaften, philosophisch-historische Klasse*, Heidelberg, 5, 1928/29, p. 25-29.

5. *De Princ.*, 2 (HDG, p. 3/Pasqua, p. 291).

pouvoir de l'Un, qui s'affirme comme une force, une « *vis* », qui est la force de nier tout ce qui le nie. Le pouvoir (*posse*) va prendre de plus en plus d'importance dans l'œuvre du Cusain[6]. Seul le monde corporel et visible est, en tant que tel, de nature divisible parce que le corps est divisible. Il procède donc d'une cause indivisible plus ancienne[7]. La cause indivisible de ce qui est divisible ne peut être autre que l'infini en acte, car tout ce qui est fini est divisible, étant donné que l'on peut toujours lui ajouter ou lui enlever quelque chose. Seul l'infini en acte est indivisible et, en tant que tel, il ne peut être qu'un. Si, en effet, il y avait plusieurs principes, ils seraient tels en vertu de leur participation à l'unité du principe unique et ne seraient donc aucunement principes. Nous ne pouvons pas davantage admettre l'existence de plusieurs principes sans leur participation à l'Unité. Car, en ne participant pas à l'Unité, ils seraient à la fois semblables et dissemblables[8].

Après avoir montré la nécessité de l'Unité, Nicolas tente d'en approfondir le sens. Une chose est certaine, à savoir, que le Principe n'est rien des principiés. Le Principe est la négation de toute détermination, qui est propre au fini et au multiple. Il se présente au Cusain comme négation de la diversité et de l'altérité caractéristique du fini et, par conséquent, comme négation de ce qui le nie, il est comme disait Eckhart *negatio negationis*. Ainsi, l'Un est négation du Non-Un[9], il nie ce qui le nie[10].

Le Principe, n'étant rien de ce qui procède de lui, est au-delà de toutes les oppositions, qui déterminent le monde multiple et inégal des créatures, et il est au-delà de l'opposition de l'être et du non-être. En d'autres termes, le Principe des étants n'est pas un étant. Le Principe, à vrai dire, n'est Principe que s'il n'est pas. Nous ne pouvons nous former de lui aucun concept. Mais, comme le *De docta ignorantia* l'a montré, nous pouvons concevoir l'Un comme coïncidence de Maximum et de Minimum au sens où il est grand ou petit de telle manière qu'il ne peut être plus grand ou plus petit[11]. Il en découle qu'il est Minimum en ce sens qu'il n'est aucun des

6. Voir les *De Poss.*, *Ven. Sap.*, *Comp.* et le *De apice theoriae*.

7. *De Princ.*, 5 (HDG, p. 4/Pasqua, p. 291).

8. *De Princ.*, 6 (HDG, p. 5-6/Pasqua, p. 292).

9. *Cf.* B. Mojsisch, « Nichts und Negation. Meister Eckhart und Nikolaus von Kues », *in* B. Mojsisch & O. Pluta (Hrsg.), *Historia Philosophiae Medii aevi, Studien zur Geschichte der Philosophie des Mittelalters. Festschrift für Kurt Flasch zu seinem 60. Geburstag*, Amsterdam, Gruner, 1991, II, p. 675-693.

10. Le néant de l'étant doit être assimilé au non-être de l'Un.

11. Cf. *Doct. Ignor.*, I, 4, 11 (HDG, p. 10).

étants qui procèdent de lui en tant que « Forme des formes » (*Forma formarum*) et il est Maximum en tant que tous les étants, c'est-à-dire leurs formes, sont compliqués en lui. Cette distinction recoupe la distinction entre l'Un sans l'Être de la première hypothèse du *Parménide* et l'Un qui est tout de la deuxième et que Plotin identifiait au *Noûs*. On passe de l'Un qui n'est absolument rien, non-être, à l'Un qui est absolument tout : tout ce qui peut être. L'apport cusain est de caractériser ce passage comme celui de l'Un stérile à l'Un fécond, ce qui permettra plus tard, dans sa *Cribratio Alchorani*, de fonder sa critique du Dieu mahométan qui est l'Un stérile[12].

Le Principe dans son infinité et dans son unité est donc l'éternité et l'égalité absolue. Le propre de l'Un est d'être parfaitement égal à lui-même dans une éternité qui n'est pas conçue comme une durée d'étendue indéterminée, mais comme une simultanéité sans extension :

> Alors, tu vois qu'il ne peut y avoir de Principe dans l'éternité sans qu'il y ait de Principié dans l'éternité. Or voir le Principié dans l'éternité, c'est le voir dans le Principe. Dès lors, le Principié est le Principe principié. Et tu sais que l'éternité ne doit pas être considérée comme une sorte de durée extensive, mais comme une essence entièrement simultanée, laquelle est aussi le Principe[13].

L'Un transcendant toute opposition est Égalité absolue et, comme tel, il est imparticipable, car la participation impliquerait une distinction entre le participant et le participé. Enfin, l'Un est innommable parce qu'il transcende tout ce qui est déterminé et que le nom est déterminant et ne peut, par conséquent, s'appliquer qu'à ce qui n'est pas l'Un.

Le commentaire proclusien du *Parménide* met l'accent sur la thèse néoplatonicienne selon laquelle l'Un est au-delà de l'être. Le Cardinal dit l'*Unum exaltatum* est au-delà de l'*Unum coordinatum* pour parler de l'antériorité de l'Un transcendant tout ce qui est :

12. Voir notre introduction à la traduction de la *Cribratio Alchirani* : H. Pasqua, *Le Coran Tamisé*, « Epiméthée », Paris, P.U.F., 2012, p. 38 *sq.* ; sur ce thème, *cf.* H. Pasqua (dir.), *Nicolas de Cues et l'Islam*, éd. de l'Institut Supérieur de Philosophie, Louvain/Paris, Peeters/Vrin, 2013.

13. *De Princ.*, 10 (HDG, p. 12) : « Tunc vides quod non potest esse principium in aeternitate sine principiato in aeternitate. Videre autem principiatum in aeternitate est videre ipsum in principio. Unde principiatum est principium principiatum. Et scias quod aeternitas non est consideranda quasi quaedam extensa duratio, sed uti tota simul essentia, quae est principium ».

> Prête davantage attention : il est évident que la multiplicité ne saurait être isolée de l'Un[14]. L'Un est donc sa propre hypostase, mais non l'Un participé et coordonné à cette multiplicité, parce que tel quel il ne subsiste pas en soi mais dans un autre, à savoir dans la multiplicité. Or, tout ce qui est dans un autre dérive de ce qui est en soi ; car ce qui est en soi est antérieur à ce qui est dans un autre, en lequel il ne peut être qu'autrement. Mais cet « autrement » présuppose « l'en soi ». L'hypostase, donc, qui est dans un autre, dérive de ce qui est en soi. Ainsi, l'hypostase de l'Un coordonné procède de l'Un transcendant et le participable de l'imparticipable[15]. Tout ce qui tombe sous notre considération est donc ou bien l'Un qui est au-delà du multiple ou bien l'Un qui est coordonné au multiple. Mais l'Un coordonné n'a d'hypostase que de l'Un transcendant. L'Un transcendant, par conséquent, est l'hypostase de toutes les hypostases. S'il n'existe pas, rien n'est et s'il existe toutes les choses sont ce qu'elles sont, et par son existence ou sa non existence toutes les choses existent ou n'existent pas[16].

En d'autres termes, le non-être de l'Un a la primauté sur l'être. L'Un sans l'être est le Principe de tout ce qui est, au sens où il n'est rien de ce qui est.

Commentant la doctrine de l'Un selon Proclus, Nicolas de Cues s'en sépare en rejetant l'idée qu'il ne saurait y avoir plusieurs entités coéternelles à l'Un : «... il [Proclus] a dit à tort que plusieurs choses pouvaient lui être coéternelles, excepté ses trois hypostases, puisque l'éternel est identique à l'éternité, laquelle ne saurait être multipliée, pas plus que

14. Cf. *Non-Aliud*, 23 (HDG, p. 15-16) ; *In Parm.* VII, 12, 142a, glosé en ces termes : « L'Un et le Bien semblent pénétrer tous les étants ».

15. *Cf.* Proclus, *In Parm.* I, 2, 128b : « Ils admireront le discours de Parménide, qui postule l'Un transcendant, parce que cet Un participable procède de l'Un imparticipable et que cet Un coordonné reçoit son hypostase de l'Un transcendant ». *Cf.* aussi *In Parm.* VII, 10, 37c : « Car Platon reconnaît deux sortes d'Un, le premier transcendant, le second coordonné à l'être ».

16. *De Princ.* 28 (HDG, p. 40-41/Pasqua, p. 312) : « Adhuc attende : multitudo ab uno deserta esse nequit, ut patuit. Unum igitur est hypostasis eius, sed non unum participatum et coordinatum ipsi multitudini. Omne autem in alio est ab eo, quod in se ; nam in se est prioriter quam in alio, in quo non est nisi aliter. Aliter autem praesupponit in se. Hypostasis igitur, quod in alio, est ab eo, quo in se. Sic hypostasis coordinati ab exaltato et participibilis ab imparticibilii. Omne igitur, quod in considerationem cadit, aut est unum exaltatum aut coordinatum multitudini. Coordinatum vero non habet hypostasim nisi ab exaltato. Unum igitur exaltatum est hypostasis omnium hypostaseum, quo non existente nihil est et quo existente omnia id sunt, quod sunt, et quo existente et non existente omnia exsistunt et non exsistunt ». Cf. *In Parm.* VI, 10, 137c : « Car l'intention de Parménide était de démontrer comment, si l'Un existe, tous les étants sont engendrés, et comment, s'il n'existe pas, tous sont anéantis ».

l'Un »[17]. Par ailleurs, le Cardinal oriente l'hénologie païenne de Proclus dans un sens plus théologique et spécifiquement chrétien consistant à démontrer la nécessité et l'unicité d'un principe unitrine. Il suffit de noter l'abondance des citations de l'Ecriture pour s'en convaincre. C'est la raison pour laquelle l'opuscule commence, comme le *De aequalitate*, par une citation de l'Évangile de saint Jean : « Tu quis es ? ».

Le *De principio* prolonge ainsi la méditation du *De aequalitate* à la lumière du *Commentaire* de Proclus en l'intégrant à sa conception uni-trinitaire de l'Un[18]. À l'origine du néoplatonisme, le *Parménide* de Platon, nous l'avons vu, part de l'axiome selon lequel si l'Un est Un, il ne peut être. Tout ce qui est introduit autre chose que l'Un, à savoir le multiple. Pour éviter cet éclatement de l'Un, le *De aequalitate* a montré que l'Un reste Un dans la pureté du non-être en tant qu'Intellect. Ainsi, être Un pour l'Un ne signifie pas que son essence soit d'*être*, mais d'être *un*. Le verbe être ici conjugue l'Un avec lui-même, il ne connote aucun jugement d'existence. En profondeur, il signifie l'acte d'une donation de soi à soi, sans altération.

Dans le *De aequalitate* Nicolas de Cues analyse, en effet, l'Égalité comme l'Un qui se donne à lui-même dans l'acte de s'égaler. Ce don est sans réserve et sans perte, il n'est ni opposition, ni relation. Il s'épuise dans l'acte simple de donation, ou de génération, qui exclut toute différenciation entre le donateur, ce qui est donné et celui à qui l'on donne. La génération est donation de soi à soi. Elle exprime l'égalité de l'Un avec l'Un. L'égalité résulte de la multiplication sans addition ni division de l'Un par l'Un. L'Un ne s'ajoute pas à l'Un. L'Un ne divise pas l'Un. Cette doctrine cusaine rappelle l'étrange hymne à l'Un de Maître Eckhart, qui prêchait dans *L'homme noble* : « Un avec Un, Un de Un, Un dans Un et, dans Un, Un éternellement ».

Le Principe n'est donc pas l'Être, il est l'Un comme Don et fécondité. Il est Principe du Principe, mais il n'est rien du Principié. Il ne faut pas entendre cette expression au sens génitif, mais au sens datif : *cela donne*, il conviendrait ici de rappeler les spéculations de Heidegger sur le *Es gibt*, si nécessairement mal traduit en français par « il y a »[19]. Le Don est pur Don

17. *De Princ.*, 25 (HDG, p. 35-35/Pasqua, p. 308) : « Sed quod plura possint esse sibi coaeterna tribus suis hypostasibus exceptis non bene dixit, cum idem sit aeternum et aeternitas, quae plurificari nequit sicut nec unum ; ideo uti unum imparticipabile, ne sit minus unum et multiplicabile ».

18. Thèse présente dès le *De docta ignorantia*, I, 7, 21 (HDG, p. 16).

19. *Cf.* H. Pasqua, « *Henôsis* et *Ereignis*. Contribution à une interprétation plotinienne de l'Être heideggérien », *Revue Philosophique de Louvain* 100, n° 4, 2002, p. 681-697.

sans donateur et sans récepteur ou, plutôt, il se confond avec le donateur et le récepteur qui font un :

> Tu diras que puisque le Christ parle constamment de son Père, comme le rapporte l'Évangile, il est étonnant qu'il s'appelle Principe alors qu'il se reconnaît comme Fils. Je réponds que s'il s'appelait principié, l'expression ne serait pas appropriée, car puisque le Principe n'est rien du principié, dans la nature divine, où le Père donne tout au Fils, le Père n'est pas autre que le Fils et le Fils ne peut être proprement appelé principié, le principié étant autre que le Principe; mais de même que le Père est Principe, de même il donne au Fils d'être Principe. Il est donc Principe du Principe, comme Lumière de la Lumière et Dieu de Dieu [20].

Nicolas évoque ici la formule du Credo de Nicée-Constantinople qui met l'accent sur la consubstantialité entre le Père et le Fils contre l'arianisme : « Lumière née de la Lumière, Dieu né de Dieu » [21]. Il poursuit en écrivant : « Tu te demanderas peut-être encore si l'expression "auto-hypostase" convient au Verbe. Et il semble que oui. L'Évangile, en effet, poursuit en ces termes : "Alors vous saurez que Je Suis" [22]. Seul celui qui est subsistant par soi peut dire : "Je Suis" » [23]. Or, l'Être, comme la suite du passage le montre, se confond avec l'Intellect, le Verbe de Dieu : « ...c'est le Verbe de Dieu qui parle. Le Principe en effet, n'étant pas par un autre, nous disons qu'il subsiste par soi, parce que nous ne pouvons pas *concevoir* qu'une chose est, si nous ne *concevions* pas qu'elle est » [24]. Ce texte affirme que la *conception* de l'être précède l'être. Être signifie toujours être pensé. Nicolas réaffirme la doctrine d'Eckhart selon laquelle « ce n'est pas parce

20. *De Princ.*, 17, (HDG, p. 21-22/Pasqua, p. 302) : « Pater omnia *dat* filio [...] sicut pater est principium, ita *dat* filio esse principium » (c'est nous qui soulignons).

21. Cf. *Symbole de Nicée :* « Nous croyons en un seul Dieu, Père tout-puissant, Créateur de toutes choses visibles et invisibles. Et en un seul Seigneur Jésus-Christ, Fils unique de Dieu, engendré du Père, c'est-à-dire, de la substance du Père. Dieu de Dieu, lumière de lumière, vrai Dieu de vrai Dieu ; engendré et non fait, consubstantiel au Père ; par qui toutes choses ont été faites au ciel et en la terre. Qui, pour nous autres hommes et pour notre salut, est descendu des cieux, s'est incarné et s'est fait homme ; a souffert et est mort crucifié sur une croix, est ressuscité le troisième jour, est monté aux cieux, et viendra juger les vivants et les morts. Et au Saint-Esprit » (*Concile de Nicée*, 325, H. Denzinger et A. Schönmetzer, *Enchiridion symbolorum definitionum et declarationum de rebus fidei et morum* [1854], Freiburg, Basel, Rome & Vienna, Herder, 1997, 125).

22. Jn 8, 28.

23. Ex 3, 14.

24. *De Princ.*, 18 (HDG, p. 23-24/Pasqua, p. 302) ; c'est nous qui soulignons.

que Dieu est qu'il intellige, c'est parce qu'il intellige qu'il est »[25]. La pensée précède l'Être. La première chose, en effet, qui s'offre à la conception est l'étant, puis tel étant, et, bien que le Principe de l'étant ne soit nullement un étant puisque le Principe n'est rien du principié, si nous ne *concevions* pas que le Principe est nous ne pourrions nous en former aucun concept. Le Principe est, non en tant qu'Être, mais en tant qu'Intellect, lequel pense tout ce qui est en le « compliquant » en lui. Ainsi pouvons-nous comprendre que l'*Unum exaltatum* est au-delà de l'*Unum coordinatum.*

Le Principe sans Principe et le Principe né du Principe sont le même. Le *De aequalitate* s'est attaché à montrer l'égalité des deux en Un. Saint Augustin dit :

> Le Fils du Père est le Fils et le Père du Fils est le Père, mais le Fils est appelé Dieu né de Dieu, Lumière née de la Lumière [...] Si donc le Dieu né de Dieu, la Lumière née de la Lumière, est Principe, à plus forte raison doit-on comprendre qu'on peut appeler Principe la Lumière dont émane la Lumière, le Dieu dont émane Dieu[26].

Mais, en disant cela, l'Evêque d'Hippone n'allait pas au-delà de la volonté de montrer l'unité des Personnes divines au sein de la Trinité. Nicolas va plus loin et pousse jusque dans ses ultimes conséquences l'affirmation du primat de l'Un sur l'Être en n'admettant au sein de l'Un que l'Un. Or si « tout est Un dans l'Un », entre les trois Personnes y aura-t-il une distinction d'origine ou un échange, une donation, c'est-à-dire une communication de l'Un dans l'Un et non trois relations substantielles dans l'Être? N'est-ce pas ce que Maître Eckhart entendait quand il écrivait : « Le Père se communique tout entier dans ce qu'il est au Fils »[27] ? Si Dieu

25. Thèse eckhartienne du primat de l'Intellect sur l'Être en Dieu, que l'on retrouvera tout le long de *La docte ignorance*. Maître Eckhart la formule dans ses *Questions parisiennes* II, 4 (*in* E. Zum Brunn, Z. Kaluza, A. de Libera, P. Vigneaux, E. Weber, *Maître Eckhart à Paris. Une critique médiévale de l'ontothéologie. Études, textes et traductions*, Paris, P.U.F., 1984) : « Ostendo quod non ita videtur mihi modo, ut quia sit, ideo intelligat, sed quia intelligit, ideo est, ita quod deus est intellectus et intelligere et est ipsum intelligere fundamentum ipsius esse » : « Il ne me semble plus maintenant que c'est parce qu'il est que Dieu connaît, mais que c'est parce qu'il connaît qu'il est, de telle sorte que Dieu est intellect et connaître intellectif, et que le connaître intellectif est le fondement de son être ».

26. Saint Augustin, *Tractatus In Iohannis Evangelium*, XXXIX, 1 (BA 73A).

27. *Expositio sancti Evangelii secundum Iohannem*, N°358, dans Meister Eckhart, *Die lateinischen Werke*, hrsg. im Auftrage der Deutschen Forschungsgemeinschaft, Stuttgart,

n'est pas l'Être subsistant par soi, la relation intratrinitaire devient kénotique et l'emporte sur la substance.

Nicolas ne traite jamais de l'Être en tant qu'Être, conformément à son hénologie qui identifie le Principe avec l'Un. Ainsi, écrit-il :

> Platon, de son côté, qui vit un étant unique, une puissance d'être unique, un ciel unique, une terre unique, en voyant l'Un, d'une certaine manière, passif, contracté et altéré en tout ceci, il vit l'Un en soi et absolu en séparant et en retranchant tout de l'Un. Et lorsqu'on le voit ainsi, il n'est ni étant ni non étant, ni il est ni il subsiste, il n'est ni subsistant ni subsistant par soi, ni Principe ni même Un. Bien plus, l'expression « l'Un est Un » est irrecevable, car la copule « est » ne peut convenir à l'Un, ni non plus l'expression « l'Un Un » sans copule, parce que aucune proposition, qui ne peut être exprimée quelle qu'elle soit sans altérité ou sans dualité, ne convient à l'Un. C'est pourquoi, si tu y prêtes attention, le Principe de tout ce qui est nommable, ne pouvant être aucun des principiés, est innommable et c'est pourquoi il ne peut pas non plus être nommé Principe, mais il est le Principe innommable du Principe nommable précédant tout ce qui est nommable quel qu'il soit [28].

L'Un fait retour sur soi dans l'Égalité avec soi-même, car il est acte infini et parfait excluant toute détermination. En effet, il est acte, mais pas acte d'être. Car dans l'Un en acte, tout ce qui s'ajouterait à lui – l'être – s'opposerait à lui, il n'y a donc pas d'opposition, il est au-delà de toute opposition [29], au-delà de l'être et du non-être. C'est pourquoi l'Unitrinité ne comprend pas de distinction d'origine permettant de distinguer une Personne d'une autre sans les séparer. Dans l'Unité qui est l'Unité de l'Unité, tout est Un. Cette doctrine se différencie radicalement de celle pour laquelle dans une unité qui serait l'unité d'un Être un parce qu'indivisible, l'unité étant pour lui une perfection et non son essence, il y a une place pour une distinction d'origine. Il est vrai que, dans ce cas, il faut reconnaître que l'Un n'est pas au-delà de l'Être, puisque l'unité est une perfection de l'Être, que l'Un et l'Être *convertuntur*. Or pour l'hénologie procluso-cusaine, c'est l'inverse qui est vrai : l'Être est une imperfection pour l'Un qui n'est Un que s'il n'est pas. Parce qu'il est parfait et infini, le retour de l'Un sur lui-même ne saurait entamer sa perfection en le rendant

Kohlhammer Verlag, III, hrsg. von K. Christ, B. Decker, J. Koch, H. Fischer, L. Sturlese, A. Zimmermann, 1936-1989 [LW 3], p. 326.

28. *De Princ.*, 19 (HDG, p. 25-26/Pasqua, p. 302-304).

29. *Cf.* L. Pena, « Au-delà de la coïncidence des Opposés. Remarques sur la théologie copulative de Nicolas de Cues », *Revue de Théologie et de Philosohie* 121, 1989, p. 57-78.

moins Un. Tel est bien l'objet du *De principio* à la suite du *De aequalitate*. L'Un demeure Un, égal à soi et s'identifie à cette égalité même.

Par ce retour sur soi l'Un s'engendre comme Verbe, qui est l'Égalité de l'Un avec l'Un. Alors que l'Un sans l'être de la monade pure et nue est vide et stérile, l'Un qui est retour sur soi est fécond et plénitude *compliquant* en lui tout ce qui peut être. Certes, nous l'avons dit, le Principe n'est aucun des principiés ex-sistant dans le temps, mais le Principe dans son éternité ne peut être sans un Principié. Le Principe naît du Principe éternellement, il est le Principe provenant du Principe[30]. Si l'Un pur et nu est le Principe sans Principe, l'Un égal à l'Un est le Principe en tant que Principié, desquels procède le *nexus amoris*[31].

> Ainsi donc Parménide [...], envisageant cette Monade de l'Être transcendante à la multiplicité des étants, pour ce motif appela l'Être « Un », en séparant de lui la multiplicité des étants qui en procèdent. [...] Car le non-multiple de Zénon nous a fait remonter à cet Un, qui est dans le multiple, non à celui qui est avant le multiple. C'est pourquoi celui-ci a démontré l'Un coordonné, et celui-là l'Un transcendant (*exaltatum*)[32].

Les étants, donc, en désirant le Bien, désirent en vérité l'Un sans lequel ils ne peuvent être ce qu'ils sont, à savoir des reflets inégaux de l'Un égal à soi.

L'Égalité de l'Un avec l'Un correspond au Verbe, à l'Intellect divin, concluait le *De aequalitate*. L'intellect humain, éclairé par l'Intellect divin, ajoute Nicolas dans le *De prinicpio*, saisit en lui l'exemplaire de toutes les choses, mais de manière conceptuelle, car il n'est pas la cause de ce qui est, il n'en est que l'image mais une « image vivante ». L'Intellect divin voit en lui toutes les choses, il est la Forme de toutes les formes, intelliger pour lui c'est créer[33]. Mais ce qui est créé est un reflet de l'Un, non un effet de l'Être. L'Intellect créateur, en tant que Forme des formes, est le lieu des formes. Sans relation à lui, les étants créés ne seraient pas ce qu'ils sont, des reflets, et ne pourraient pas être compris, puisque l'Intellect divin en constitue l'essence. En eux-mêmes, les étants ne sont qu'images, reflets irréels, ils ne subsistent que par ce dont ils sont le reflet et l'image. En effet,

30. *De Princ.*, 17 (HDG, p. 22/Pasqua, p. 303 : « Est igitur principium de principio et non principium principii »).
31. *De Princ.*, 11 (HDG, p. 14/Pasqua, p. 297).
32. *De Princ.*, 19 (Pasqua, p. 302-304).
33. *De Princ.*, 21 (HDG, p. 30/Pasqua, p. 304).

tous les étants qui ne subsistent pas par eux-mêmes, n'étant pas causes d'eux-mêmes, il faut qu'ils soient par une cause qui est la raison d'être subsistante par soi des étants[34]. Eckhart disait qu'ils sont *ab alio*, c'est-à-dire qu'ils n'ont pas un être propre, mais l'être d'un autre conformément à la doctrine qui veut que les étants « sont en Dieu l'être de Dieu » en dehors duquel ils sont pur néant. La créature se trouve donc dans une telle dépendance vis-à-vis du Créateur qu'elle n'a plus d'essence propre ni d'être propre. Ceci est confirmé par la conception de la création comme appel, comme parole de Dieu en laquelle le Verbe divin se manifeste de manière sensible : l'ex-sistence du fini se trouve ainsi réduite à sa manifestation sensible, tandis que son essence demeure dans le Verbe divin qui s'exprime en elle : « Parler, c'est révéler ou manifester. Donc tout ce qui subsiste, dès qu'il est, est à partir de ce qui subsiste par soi, qui est la raison de sa substance, et sa parole est la révélation ou la manifestation de lui-même »[35].

Le rapport entre les créatures et le Créateur s'éclaire à la lumière du rapport entre le multiple et l'Un. La multiplicité ne peut subsister sans l'Unité, tel est le sens de la neuvième hypothèse du *Parménide* qui est l'exact opposé de la première hypothèse selon laquelle l'Unité pure et nue exclut toute multiplicité. Le multiple ne peut donc subsister que dans l'Unité, il ne peut s'affirmer dans l'infini indéterminé qui équivaut au néant. L'Un en lequel subsiste le multiple n'est pas l'Un coordonné au multiple, l'*Unum coordinatum*, mais l'*Unum exaltatum*, l'Un absolument un, l'Un en soi et par soi. Cela signifie que le monde multiple des créatures est constitué par sa relation et conçu comme un reflet de l'absolue Unité et non comme être substantiel : « Puisque la créature est néant et a tout son être dans sa cause, elle est vérité dans le Principe, le Principe en effet est la vérité de toutes les créatures »[36]. La création est donc assimilation, en ce sens qu'elle consiste à rendre les créatures semblables au Créateur. Or, puisque le Créateur n'est pas l'Être, mais l'Esprit au sens de simplicité divine, c'est-à-dire l'Un pur et nu sans l'être, la création n'est pas *ex nihilo* mais *in nihilo*. Le statut de la créature en tant qu'image est méontologique : les créatures sont un pur néant[37].

34. *De Princ.*, 15 (HDG, p. 18/Pasqua, p. 298-300).

35. *De Princ.*, 16 (HDG, p. 20/Pasqua, p. 300).

36. *De Princ.*, 37 (HDG, p. 51/Pasqua, p. 322).

37. Cf. *Dia. Gen.*, II, 159 (HGD, p. 114-115) ; *Fil. Dei*, VI, 86 (HDG, p. 61-62) ; *De Princ.*, 21 (HDG, p. 28-30). Nicolas reprend ici la thèse eckhartienne du néant des créatures : les créatures en elles-mêmes sont un pur néant, elles ne sont véritablement que dans

L'Un enfin, en tant que Principe, n'est ni identique au multiple, ni différent de lui. Il ne lui est pas identique parce que l'Un n'est rien de ce qui est multiple. Il n'est pas différent parce que l'Un est *aequalitas* et que, s'il était différent, il ferait nombre avec le multiple qui ne pourrait plus s'expliquer en fonction de l'Unité et l'on tomberait dans l'aporie de la neuvième hypothèse du *Parménide*. L'Un, conclut le Cusain, en tant que Principe, transcende toute distinction et toute opposition, il n'est rien de ce qui procède de lui, il se retire de tout ce qui ex-siste. Et, en même temps, en tant qu'*aequalitas*, il est tous les étants, sans se confondre avec eux. Cette doctrine implique le renoncement à l'être et entraîne l'irréalité ontologique de la créature. L'Un comme Principe est retrait, repli, *complicatio*, en même temps qu'il est Forme des formes, *explicatio*, qui déplie tous les étants. L'Un est un pli qui se déplie et se replie sans ne jamais rien contenir[38].

l'Intellect divin, elles sont Dieu en Dieu. La pensée cusaine est essentialiste. Cf. *Conj*. I, 13 : « On ne saisit donc un objet tel qu'il est que dans sa vérité propre, par laquelle il est. On saisit par conséquent la vérité de toutes les choses telle qu'elle est seulement dans l'Intellect divin, par lequel chaque étant est ». *Cf.* également *Doct. ignor*, II, 2, 100 (HDG, p. 66).

38. C'est la raison pour laquelle nous avons préféré traduire *complicatio* et *explicatio* par « complication » et « explication » plutôt que par « enveloppement » et « développement », car envelopper c'est contenir quelque chose alors qu'un pli ne contient rien. *Cf.* notre traduction du *De docta ignorantia*.

LE CLIN D'ŒIL DE LÉONARD À NICOLAS : VISION, PARTICIPATION ET ESCHATOLOGIE CHEZ NICOLAS DE CUES

CHRISTIAN TROTTMANN

La pensée de Nicolas de Cues a évolué au fil de ses expériences et de ses œuvres, le *De venatione sapientiae* en témoigne, qui propose une sorte de récapitulation des principaux paradigmes qu'on y retrouve. L'on pourrait toutefois s'interroger sur la cohérence finale de sa théorie de la connaissance voire de sa métaphysique : le *De Icona* n'invite-t-il pas à un dépassement dans l'infini des conditions imparfaites de la connaissance humaine que le *De Conjecturis* semblait enfermer dans les limites imposées à la créature par sa participation à la lumière divine ?

Ce n'est pas le moindre apport de la thèse récente de Mme Jocelyne Sfez[1] que d'avoir proposé une origine optique du schéma P (paradigmatique) du *De Conjecturis*. Une note de Léonard de Vinci sur l'optique et ses deux triangles semble pouvoir s'y rapporter. Elle permet en tout cas d'éclairer rétrospectivement ce que ce schéma doit aux théories de la vision de la fin du Moyen Âge et du début de la Renaissance. Nous voudrions dans un premier temps revenir sur les progrès apportés en ce domaine par cette thèse. Cette lecture permet d'éclairer la conception cusaine de la participation et nous en tirerons dans un second temps les conséquences : il s'agit

1. J. Sfez, *Vérité et altérité chez Nicolas de Cues, une philosophie du reste*, Thèse de doctorat de Philosophie, soutenue le 29/11/2010 à l'université de Lyon III, publiée en deux volumes : J. Sfez, *L'art des conjectures de Nicolas de Cues*, Paris, Beauchesne, 2012 ; Nicolas de Cues, *Les Conjectures*, trad. fr. J. Sfez, Paris, Beauchesne, 2011.

d'une métaphysique de la lumière qui aboutit avec le schéma U à des hiérarchies dans l'esprit de Denys. Toutefois les deux schèmes laissent persister des zones d'ombres : une altérité qui semble irréductible. Mais l'est-elle à jamais ? La connaissance humaine s'en trouve-t-elle indéfiniment confinée à des conjectures ?

La coïncidence des opposés ne propose-t-elle pas dès *La docte ignorance* et plus spécialement dans le *De Icona* une méthode de réduction de l'altérité ? Faute d'intégrer cette dimension eschatologique aux conceptions cusaines, tant de la vision que de la participation, ne serait-on pas condamné à n'y voir qu'une métaphysique néoplatonicienne qui laisse inassimilable un petit reste d'altérité radicale, ténèbres boueuses résistant à la lumière et à son avancée ? Si au contraire, cette interpénétration des triangles de la lumière et de l'altérité est pensée comme la dynamique d'une progression vers un accomplissement eschatologique, tout ce qui participe de la lumière de l'Un est appelé à s'y retrouver définitivement tandis que le reste éventuel d'altérité ténébreuse sera aussi définitivement forclos.

LE CLIN D'ŒIL DE LÉONARD : D'UNE ORIGINE OPTIQUE DU SCHÉMA P ?

Rappelons d'abord rapidement la teneur du schéma P qui rend compte assez fidèlement de la conception cusaine de la participation du moins à son degré d'élaboration atteint dans le traité des *Conjectures* daté de 1441-1443. Ce schéma se trouve dans la première partie théorique du traité, au chapitre IX.

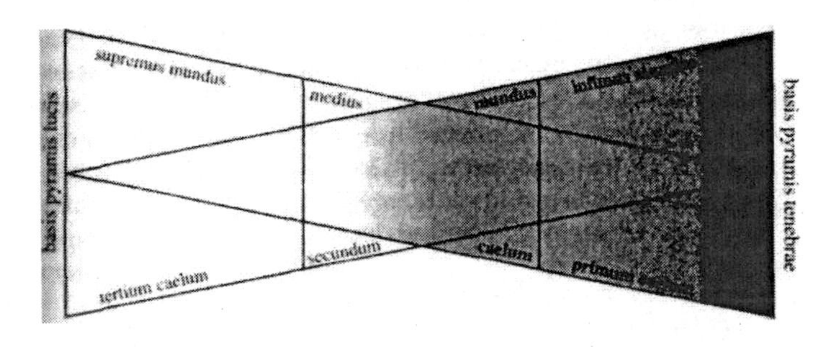

Rappelons en la teneur : il se compose de deux triangles (ou pyramides, nous y reviendrons) qui se compénètrent; celui de la lumière dont la base correspond à l'unité et celui des ténèbres, dont la base est l'altérité. Le schème peut être divisé en trois domaines correspondant au monde suprême, celui de Dieu et des intelligences lumineuses où se croisent la base de la pyramide de la lumière et le sommet de celle des ténèbres, un monde moyen où doit être situé l'homme, intelligence incarnée et un monde inférieur de la vie animale, végétale, et des minéraux, voire des éléments de la matière où se trouve l'opacité maximale, à la base de la pyramide des ténèbres. On y retrouve les trois ciels, celui d'un monde sensible, opposé au troisième ciel, suprême des intellects, laissant place entre eux à un deuxième ciel correspondant au monde rationnel, domaine de l'âme où s'élaborent ses conjectures. Les nombres se répartissent également entre eux conformément à un premier tableau donné au chapitre III : nombres simples, correspondant aux intelligibles, points reliés par des droites, carrés mesurant des surfaces, qui relèvent du domaine des rationnels et cubes renvoyant à une volumineuse luxuriance du sensible que nous retrouverons dans le schéma U.

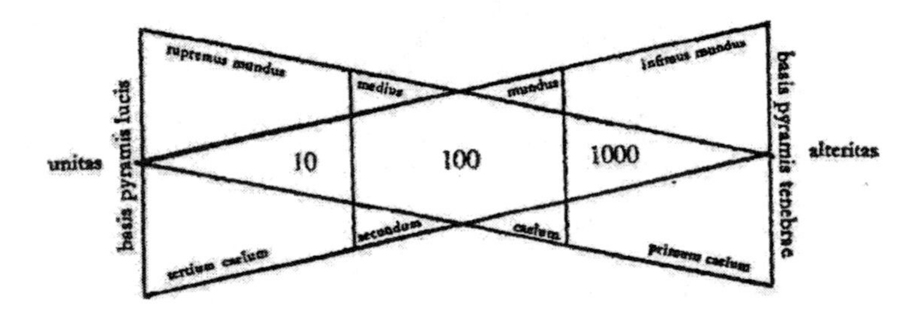

Pour l'heure, il convient de revenir sur l'origine du schéma P. Nous l'avons dit, ce n'est pas le moindre mérite de la thèse de Mme Sfez, que de nous permettre en relativisant l'influence lullienne, de préciser la place de l'optique dans l'élaboration de ce schéma. Elle remarque avec justesse que Nicolas de Cues n'utilise pas le terme de triangle, mais celui de pyramide, qui, au Moyen Âge, se retrouve dans deux contextes différents : celui de l'optique arabe – où il désigne en fait le cône visuel aboutissant à la pupille de l'œil – et celui de la tradition néoplatonicienne, platonico-porphyrienne. Nous aurions ainsi d'emblée dans ce schéma P une rencontre du domaine de la vision et de celui de la participation. Nous n'insisterons pas ici sur la présence des thèmes néoplatoniciens dans la pensée du Cusain. Sa bibliothèque recèle également de nombreux livres d'optique montrant qu'il est au fait des découvertes de la science arabe d'Alhazen. Mais il est aussi lecteur de ceux qui l'ont transmise à l'occident latin: Robert Grosseteste et Roger Bacon. Avec le schéma P, c'est ainsi une métaphysique de la lumière, et ajouterons-nous des ténèbres, qui trouve à s'exprimer dans une figure géométrique. Ce n'est pas le lieu de revenir sur les questions techniques du bouleversement apporté par l'optique arabe aux théories de la vision et qui donneront naissance à la perspective renaissante. En bref, l'héritage de Galien plaçait le phénomène de la vision à la rencontre d'un rayon lumineux sortant de l'œil et de celui de la lumière extérieure, alors que l'optique d'Alhazen ne retient, comme porteurs de la vision située dans la pupille, que les rayons perpendiculaires à celle-ci. Mais nous sommes avec le Cusain dans une spéculation métaphysique concernant toutes les formes de connaissance : sensible, rationnelle, intellectuelle, et non dans une réflexion sur la seule science optique. C'est à ce titre que le rapprochement proposé par Mme Sfez entre l'œil et le schéma P est éclairant.

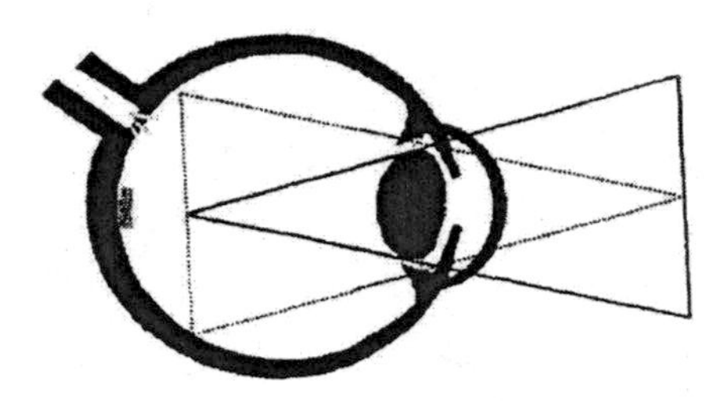

Nous le rétablissons à l'horizontale, car pour l'heure c'est son rapprochement avec l'optique qui nous intéresse[2]. C'est là qu'intervient ce que nous avons appelé le clin d'œil de Léonard : il semble replacer la double triangulation du schéma P au cœur même de l'œil et du processus de la vision lorsqu'il écrit dans ses carnets :

2. Ce schéma se trouve en position verticale dans la thèse citée à la note précédente, t. I, p. 212. Nous l'appelons schéma S puisque le mérite revient à Mme Sfez d'en avoir montré l'importance, mais préférons lui restituer la position horizontale requise si nous admettons son origine optique.

> La perspective emploie pour les distances deux pyramides opposées, dont l'une a son sommet dans l'œil et sa base à l'horizon. La première se rapporte à l'univers et embrasse la masse des objets qui passent devant l'œil, comme un vaste paysage vu par une étroite ouverture – les objets perçus par ce trou sembleront d'autant plus nombreux qu'ils sont plus éloignés de l'œil. La base confine donc à l'horizon et le sommet à l'œil, comme je l'ai dit plus haut. La seconde pyramide se rapporte à une particularité du paysage, qui paraît d'autant moindre qu'elle s'éloigne de l'œil. Ce second exemple de perspective dérive du premier... [3].

Ici encore, au-delà de la question technique de la perspective, saisissons dans le croisement de ces deux pyramides, la rencontre de deux questions noétiques et métaphysiques qui traversent toute l'œuvre du Cusain. C'est du côté du sujet en son unité figurée par la pointe de la pyramide aboutissant au fond de l'œil, que s'opère la synthèse perceptive de la multiplicité des objets extérieurs, mais par ailleurs, ce même œil peut fixer son attention sur un objet singulier. N'est-ce pas précisément la rencontre de ces deux "optiques" qui sera opérée par le tableau de l'omnivoyant et la méditation du *De Icona*? Il est vrai que leur coïncidence n'est possible qu'en passant à l'infini du point de vue divin. En ce sens, Madame Sfez a raison de suggérer que le schéma de l'œil devrait être mis en position verticale. D'un point de vue métaphysique, la lumière vient de Dieu.

De la vision à la participation et retour

Le schème de la Perspective rend mieux compte de l'origine de la figure P que les rapprochements avec les thématiques lulliennes des figures A et T proposés par la plupart des études écrites à son sujet jusqu'à la fin du XXe siècle. Pourtant, le passage de la figure P à la figure U censée précisément rendre compte de l'Univers et de sa sortie de l'Un divin par participation, suppose un recentrage sur Dieu des trois domaines intellectuel, rationnel et sensible.

3. *Les Carnets de Léonard de Vinci*, II, trad. fr. L. Servicen, Paris, Gallimard, 1987, p. 377.

De P à U circularité et verticalité de la participation

Ce recentrage est opéré effectivement au chapitre XII :

> Ainsi donc, l'univers sera composé d'un monde plus central et très spirituel, d'un monde plus périphérique et très grossier, et d'un monde intermédiaire. Le centre du premier monde est Dieu, le centre du second est l'intelligence, le centre du troisième est la raison. La sensibilité est pour ainsi dire l'enveloppe la plus grossière du troisième monde et [elle] est seulement périphérique[4].

L'on passerait alors du schéma P au schéma U en faisant tourner le premier au sein des trois cercles concentriques ainsi décrits, selon le schéma suivant proposé par Satoshi Oide[5] dès 1970 :

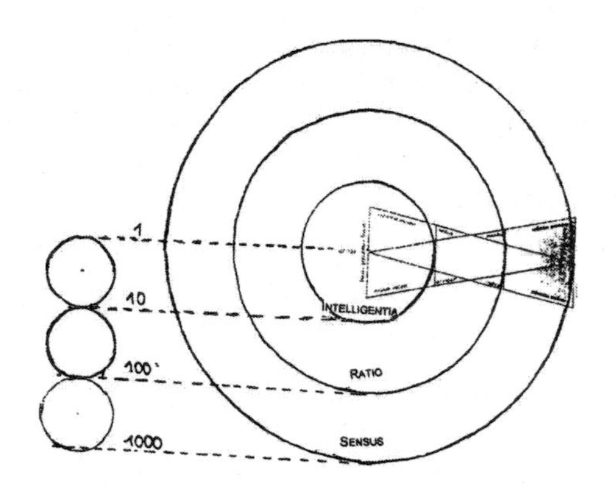

À ceci près toutefois que s'il fallait l'arrêter ce serait plutôt en position verticale qu'à l'horizontale figurée dans ce schéma. Dieu est en effet le centre des trois cercles concentriques et c'est ainsi qu'il se retrouve au sommet du schéma U. Tirons ici rapidement les conséquences de l'extension de la participation dionysienne proposée par Nicolas de Cues.

4. « Universum igitur sic erit ex centraliori spiritualissimo mundo atque ex circumferentialiori grossissimo et ex medio. Centrum primi deus, centrum secundi intelligentia, centrum tertii ratio. Sensibilitas est quasi grossissima cortex tertii atque circumferentialis tantum », Nicolas de Cues, *Conj.*, I, 12, 62 (HDG, p. 61-62/Sfez, p. 65-66).

5. S. Oide, « Zur Interpretation von *De Conjecturis*, über die Grundlagen der kusanischen Konjecturenlehre », *MFCG* 8, 1970, p. 147-178.

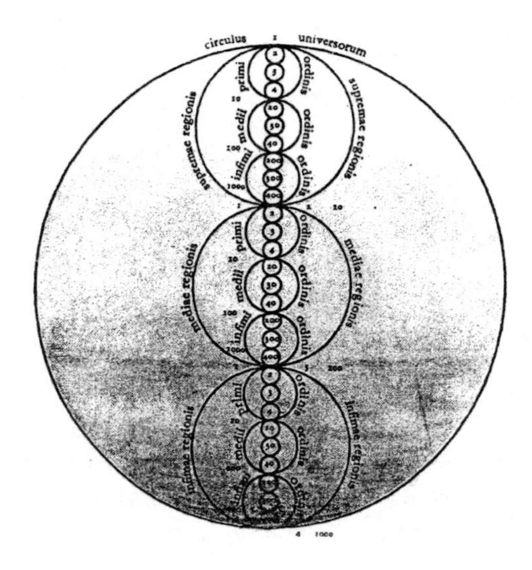

Nous retrouvons dans le monde supérieur qui est celui des intelligences, les neuf chœurs angéliques de la hiérarchie dionysienne, regroupés en trois ordres. Nous assistons ensuite à une démultiplication de l'organisation hiérarchique au monde des âmes et de celui des corps. Les effectifs semblent identiques, même si le second semblait plutôt celui des carrés et le troisième des cubes, qui sont des volumes corporels. Mais ce qui les distingue avant tout c'est leur degré de luminosité. Car la clé de cette conception de la participation semble résider, rappelons-le, dans le fait que nous avons affaire à une métaphysique de la lumière. De la luminosité maximale des premiers chœurs angéliques à l'opacité maximale des myriades de corps, il y a place pour une propagation de la lumière qui n'est d'ailleurs pas que linéaire, ainsi que le remarque l'auteur du *De Conjecturis* :

> Remarque ensuite que l'unité simple, qui figure Dieu en ce lieu, touche quatre cercles : à savoir le cercle maximum de l'univers, le cercle du monde suprême, le cercle de l'ordre suprême et le cercle du chœur suprême. Ainsi, ceux-ci participent graduellement à sa lumière et à son entité : d'abord

l'univers, puis le monde suprême, ensuite l'ordre suprême et enfin, en quatrième lieu, le chœur suprême [6].

Le spécialiste de la transomption porte une attention particulière à ce point de tangence des quatre cercles concentriques. En ce contact extérieur entre totalité et infini, qui pourrait rappeler l'*En sof* de la Kabbale, nous relevons dans un premier temps cette communication immédiate et non hiérarchique de la lumière par Dieu, en premier lieu à l'univers en sa totalité figurée par le cercle le plus large. Il y a en quelque sorte une illumination du Tout, certes en son seul sommet (son centre n'est-il pas partout et sa circonférence nulle part ?), par l'Un, aurore antérieure à toute communication hiérarchique de la lumière. De même, c'est l'ensemble du monde angélique des intelligences qui est touché par la lumière divine (pour un choix initial et définitif ?), avant qu'elle ne parvienne selon une modalité plus particulière à l'ordre supérieur et en son sein au chœur le plus élevé. Celui-ci va ensuite procéder à une diffusion hiérarchique de cette lumière reçue, aux chœurs inférieurs, la relayant ainsi d'un ordre à l'autre, d'un monde à l'autre :

> Tu vois par conséquent un chœur communiquer la lumière reçue à un [autre] chœur, jusqu'à parvenir finalement au dernier. On doit particulièrement noter comment ce que l'on découvre dans l'univers est aussi découvert dans chaque monde et dans chacun des ordres, bien que selon des modes divers, plus ou moins absolus, plus ou moins contractés. Car l'unité dénaire qui figure l'intelligence, l'unité centenaire qui figure l'âme, l'unité millénaire qui figure le corps, sont autrement dans le monde suprême – à savoir conformément à la haute nature, simple et noble, de ce monde, autrement dans le monde intermédiaire, autrement dans le monde inférieur et obscur, et elles sont différentes dans ce même monde suprême, dans l'ordre suprême et dans les autres ordres suivants [7].

6. « Deinde adverte unitatem simplicem, quae hoc loco deum figurat, quattuor circulos contingere, maximum scilicet universi, supremi mundi, supremi ordinis et supremi chori. Ita quidem gradatim lumen atque entitatem eius participant, primo universum, post hoc supremus mundus, deinde supremus ordo, ultimo et quarto loco supremus chorus », Nicolas de Cues, *Conj.* I, 13, 67 (HDG, p. 65-66/Sfez, p. 70).

7. « Vides consequenter chorum choro receptum lumen communicare, usque dum ad ultimum devenitur. Singularius etiam attendendum est quomodo id, quod in universo reperitur, reperitur et in quolibet mundo et ordine cuiusque, modo autem absolutiori et contractiori diverso. Nam denaria unitas intelligentiam figurans, centenaria animam, millenaria corpus, aliter in supremo mundo est, secundum scilicet illius mundi naturam altam, simplicem et

Le schéma U semble ainsi rétablir une verticalité de la participation instaurant sous les neuf chœurs angéliques du monde intellectuel neuf degrés dans le monde rationnel et autant dans le sensible. Faut-il pour autant perdre de vue la conception concentrique de ces trois sphères qui plaçait Dieu non au sommet, mais au cœur de cet univers obtenu comme par une rotation du schéma P en son sein? Dans la *Docte Ignorance*, c'est la christologie intervenant en troisième partie qui assurait une unité pleinement humaniste entre infini et totalité ou plutôt entre l'absolu divin et ce Maximum restreint ou contracté que constitue un univers même infini. Une telle cohérence humaniste est sans doute restaurée à la fin de la seconde partie pratique du *De Conjecturis*, mais n'est-elle pas perdue d'un point de vue spéculatif qui ne laisse d'ailleurs guère de place à la christologie? Qui pis est, la conception de la participation que nous trouvons dans ce traité semble s'accompagner d'une théorie relativiste de la connaissance.

Participation et conjectures

Revenons rapidement sur le chapitre XI de la première partie du *De Conjecturis*, consacré précisément à la participation; nous y trouverons la définition de la conjecture. Après avoir évoqué, à partir de l'exemple du cercle, la connaissance rationnelle et sensible, la figure tracée pouvant toujours être améliorée pour se rapprocher du cercle rationnel, le Cardinal en vient à la connaissance intellectuelle. Elle non plus ne saurait atteindre l'intelligible tel qu'il est en lui-même :

> En effet, si tu admets que ton intellect est quelque chose d'autre que la chose par lui intelligible, alors tu concevras que tu ne peux rien intelliger d'intelligible, tel que [cet intelligible] est [en lui-même]. En effet, un intelligible est intelligé tel qu'il est seulement dans son intellect propre, c'est-à-dire dans l'intellect duquel il tient l'être; mais il est intelligé autrement dans tous les autres. Rien n'est donc atteint tel qu'il est, si ce n'est dans sa vérité propre, par laquelle il est. Et c'est donc dans l'intellect divin seul par lequel tout être existe, que la vérité de toutes les choses, telle qu'elle est, est atteinte; et dans les autres intellects, elle est atteinte de manière variée et autrement [8].

nobilem, aliter in medio, aliter in infimo umbroso, atque in eodem supremo mundo differenter in supremo ordine et aliis subsequentibus », *Conj.* I, 13, 67 (HDG, p. 66/Sfez, p. 70-71).

8. « Nullum enim intelligibile, uti est, te intelligere posse conspicis, si intellectum tuum aliam quandam rem esse admittis quam intelligibile ipsum ; solum enim intelligibile ipsum in

Si nous nous référons aux schémas P et U il faudrait dire que la parfaite vérité ne se trouve qu'au sommet divin de l'univers ou à la base du triangle de la lumière. Toutefois, chaque acte de connaissance, chaque conjecture faudrait-il préciser, met en œuvre d'une manière unique, celle du point de vue où il se situe dans l'univers hiérarchisé (U) ou sur les deux triangles de la vision que nous avons retrouvés chez Léonard et qui correspondent au schéma P :

> L'identité inexplicable est donc développée de manière variée et différente dans l'altérité, et la variété est enveloppée de manière concordante dans l'unité de l'identité. En effet, la vue est participée différemment des visions variées et la variété des visibles est enveloppée de manière concordante dans l'unité de la vue, de même que la diversité des visions est contenue de manière concordante dans l'unité de la vue absolue. Et puisque la pensée divine est la précision la plus absolue de toute chose, il arrive que toutes les pensées créées participent à elle différemment... [9].

On remarquera ici la présence des termes *explicatio/complicatio*, repris inlassablement (depuis la *Docte Ignorance* jusqu'au *De Icona*) par Nicolas de Cues aux Chartrains pour rendre compte précisément de la participation et de la causalité divine créatrice. L'identité divine est en elle-même indépliable, traduirait-on (plutôt qu'inexplicable) si l'on voulait rester au plus près du texte. C'est à partir de son unité ineffable que se déplie la complication de l'univers. Mais tout acte de connaissance se déploie selon le modèle même de la vision en deux triangles, l'un enveloppe dans l'unité du regard la variété du paysage, l'autre atteint la singularité même du détail sans que s'y perde l'identité du voyant, surtout s'il s'agit de l'omnivoyant. Chaque réalité ne s'en trouve-t-elle pas figée dans les limites que lui assigne son altérité ? Si son point de vue est particulier, c'est précisément du fait de la place que le rayon divin lui assigne dans l'échelle des êtres :

proprio suo intellectu, cuius ens exsistit, uti est, intelligitur, in aliis autem omnibus aliter. Non igitur attingitur aliquid, uti est, nisi in propria veritate, per quam est. In solo igitur divino intellectu, per quem omne ens exsistit, veritas rerum omnium, uti est, attingitur, in aliis intellectibus aliter atque varie », *Conj.* I, 1, 55 (HDG, p. 56/Sfez, p. 58).

9. « Identitas igitur inexplicabilis varie differenter in alteritate explicatur, atque ipsa varietas concordanter in unitate identitatis complicatur. Visio enim in variis videntibus differenter participatur, et visibilium varietas in unitate visus concordanter complicatur, sicut et videntium diversitas in unitate visionis absolutae concorditer continetur. Et quoniam divina ipsa mens omnium est absolutissima praecisio, ipsam omnes creatae mentes in alteritate variationis differenter participare contingit », *Conj.* I, 1, 55 (HDG, p. 56-57/Sfez, p. 58-59).

> Or, ces pensées ne reçoivent pas en elles-mêmes le rayon de la lumière divine, comme si elles précédaient, par leur nature, cette participation; mais la participation intellectuelle à cette lumière la plus actuelle et incommunicable constitue leur quiddité. L'actualité de notre intelligence consiste donc dans la participation à l'intellect divin[10].

Le terme « altérité » doit être pris ici, nous semble-t-il en un premier sens qui est celui de l'*alietas*. Dans la genèse chartraine trinitaire des créatures, l'unité leur confère une identité, mais l'égalité de cette identité à elle-même les confine dans leur *quiddité :* en étant ceci, elles se retrouvent autres (*aliud*) que les autres. Encore n'avons-nous pas ici à faire à une altérité radicale et inconnaissable, mais au contraire, à une altérité qui assigne dans le cadre d'une métaphysique de la lumière, à chaque réalité du fait de sa participation imparfaite au rayon divin, les contours d'une quiddité bien définie.

Toutefois, c'est aussi une capacité de connaître qui est ainsi reçue selon une synthèse originale entre noétique néoplatonicienne et aristotélicienne. Selon sa proximité à l'égard de l'intellect purement actualisé de Dieu, il demeurera en elle plus ou moins de puissance inaccomplie :

> Mais puisque la puissance la plus actuelle ne peut être reçue si ce n'est dans une variété d'altérité – qui est plutôt reçue dans une sorte de concours de la puissance –, il arrive que ces pensées participantes participent dans l'altérité même à l'intellect le plus actuel, pour ainsi dire dans cet acte, qui, relativement à l'intellect divin, constitue l'altérité, ou la puissance[11].

L'intellect divin et lui seul, étant acte pur, a une connaissance parfaite de toutes choses. Toute intelligence créée recèle une part de puissance inaccomplie et sa connaissance également. Ainsi, tout acte de connaissance est pour l'intellect une participation imparfaite à la connaissance divine pleinement actualisée, et il l'exerce d'un point de vue particulier à sa

10. « Non sunt autem mentes ipsae in se divini luminis radium capientes, quasi participationem ipsam natura praevenerint, sed participatio intellectualis incommunicabilis ipsius actualissimae lucis earum quiditas exsistit. Actualitas igitur intelligentiae nostrae in participatione divini intellectus exsistit », *Conj.* I, 11, 56 (HDG, p. 57/Sfez, p. 59).

11. « Quoniam autem actualissima illa virtus non nisi in varietate alteritatis accipi potest, quae potius in quadam concurrentia potentiae concipitur, hinc participantes mentes in ipsa alteritate actualissimi intellectus quasi in actu illo, qui, ad divinum intellectum relatus, alteritas sive potentia exsistit, participare contingit », *Conj.* I, 11, 56 (HDG, p. 57/Sfez, p. 59, trad. mod.).

situation dans l'univers sur l'échelle des êtres (U) ou plutôt dans les deux triangles de lumière et ténèbres (P) :

> Ainsi, toute notre intelligence consiste plutôt dans une participation à l'actualité divine, dans une variété potentielle. En effet, le fait de pouvoir intelliger en acte la vérité même, telle qu'elle est, convient à des pensées créées; de même qu'il est propre à notre Dieu d'être cet acte auquel les pensées créées participent en puissance de manière variée. Ainsi, plus une intelligence est déiforme, plus sa puissance est proche de l'actualité de son être ; mais plus elle est obscure, plus elle en est éloignée [12].

On est en droit de se demander s'il y a place dans une telle théorie de la connaissance pour un relativisme et une altérité absolus. Chaque créature, qu'elle soit d'ailleurs intellectuelle, rationnelle ou sensible a, de sa place unique dans la hiérarchie universelle des êtres (U) et dans l'entre-croisement des triangles de la lumière et des ténèbres (P), un point de vue singulier sur lequel elle ne pourra se faire d'illusion. Sachant que la connaissance parfaite n'est actualisée en plénitude que par l'intelligence divine il lui reste à jauger ce quelle peut être à partir de ce point de vue qui ne lui offre qu'une conjecture : « Tu vois maintenant que les assertions positives du sage sont des conjectures [...]. Une conjecture est donc une assertion positive qui participe dans l'altérité à la vérité, telle qu'en elle-même » [13]. Il nous semble éclairant de rapprocher l'exemple proposé par Nicolas de Cues dans le *De Conjecturis*, du dispositif qu'il met en place autour du tableau dans le *De Visione Dei*. Il fait en effet remarquer au Cardinal Julien Cesarini à qui il adresse son traité, que lorsqu'il siège aux côtés du pape Eugène IV, il a sur son visage un point de vue particulier qui dépend de sa place au concile. Vision très hiérarchique de la connaissance et presque byzantine des conjectures qui peuvent se tramer dans un palais pontifical. Mais le Cusain, loin de la figer dans l'ontologie hiératique qui éclairerait les mosaïques de Ravenne par exemple, met en valeur une dynamique ascendante de cette noétique et de cette métaphysique de la lumière

12. « Potius igitur omnis nostra intelligentia ex participatione actualitatis divinae in potentiali varietate consistit. Posse enim intelligere actu veritatem ipsam, uti est, ita creatis convenit mentibus, sicut deo nostro proprium est actum illum esse varie in creatis ipsis mentibus in potentia participatum. Quanto igitur intelligentia deiformior, tanto eius potentia actui, uti est, propinquior ; quanto vero ipsa fuerit obscurior, tanto distantior », *Conj.* I, 11, 56 (HDG, p. 57/Sfez, p. 59-60).

13. « Vides nunc assertiones positivas sapientum esse coniecturas. [...] Coniectura igitur est positiva assertio, in alteritate veritatem, uti est, participans », *Conj.* I, 11, 57 (HDG, p. 58/Sfez, p. 60).

néoplatonicienne. Dans un optimisme renaissant, ou plutôt boécien, il relève la capacité de la raison à rectifier le biais rendu inévitable par l'incarnation de la vision sensible :

> Lorsque, toi par exemple, Père, avec ton très clair regard, tu contemples devant toi la face du souverain pontife, notre très saint maître, le Pape Eugène IV, tu en conçois une assertion positive, que tu affirmes [être] précise, selon [ton] regard. Mais lorsque tu te tournes vers la racine de laquelle émane la faculté de discerner des sens – je veux dire, vers la raison – tu comprends que le sens de la vue participe de la puissance de discernement dans l'altérité contractée organiquement. Pour cette raison, tu vois le défaut [qui résulte] de la déchéance hors de la précision; puisque tu contemples cette face, non telle qu'elle est en elle-même, mais dans l'altérité relative à l'angle de ton regard, qui est différent de tous les regards des [autres] vivants [14].

Faut-il remarquer une fois encore que l'homme d'Église ne s'en tient pas à la place hiérarchique de son interlocuteur auprès du pape, mais, en philosophe, le transpose à sa place, parmi les vivants, dans l'échelle de la connaissance ? Son âme humaine n'est pas une intelligence angélique mais rationnelle, elle lui permet de rectifier la relativité de sa vision sensible. Il y a bien dans le *De Conjecturis* une théorie de la connaissance relativiste, lucide sur la situation d'imperfection de chaque point de vue, sensible, rationnel, intellectuel, par rapport à la seule connaissance divine de la parfaite vérité. Toutefois, il y a aussi une dynamique corrective qui permet à la raison de rectifier la perspective visuelle, à une époque où les peintres, au fait de la *perspectiva communis*, l'inventent pour mieux rendre compte de la réalité. Mais chaque niveau de rectification, par la raison et par l'intelligence correspond à une libération par rapport à l'opacité : celle de la chair, de l'œil, mais aussi celle des raideurs et incertitudes du raisonnement :

> Mais, de même que les sens font l'expérience de leur altérité dans l'unité de la raison, et qu'ils font des conjectures en déliant des assertions sensibles de l'unité de [leur] précision, de même la raison découvre dans son unité où

14. « Nam dum tu, pater, clarissimis tuis oculis faciem pontificis summi, sanctissimi domini nostri Eugenii papae quarti, coram conspicis, de ipsa positivam assertionem conspicis, quam praecisam secundum oculum affirmas. Dum autem ad radicem illam, unde discretio sensus emanat, te convertis – ad rationem dico –, intelligis sensum visus participare vim discretivam in alteritate organice contracta. Ob quam causam defectum casus a praecisione intueris, quoniam faciem ipsam non, uti est, sed in alteritate secundum angulum tui oculi, ab omnibus viventium oculis differentem, contemplaras », *Conj.* I, 11, 57 (HDG, p. 58/Sfez, p. 60).

> elle s'enracine, à savoir dans la lumière même de l'intelligence, son altérité et la déchéance de la précision dans sa conjecture. Et, ainsi, l'intelligence elle-même, en tant que puissance prochaine de l'unité divine, se réjouit de conjecturer selon son propre mode très clair [15].

Cette dynamique mérite d'être soulignée : la correction apportée par la conjecture n'a pas la même tonalité affective aux trois niveaux.

Conjectures, conversion et eschatologie

La perspective rationnelle absout les perceptions sensibles de ce qu'elles peuvent avoir de particulier et permet aux sens de se projeter dans des conjectures, sortes de prolepses pré-rationnelles qui les rendent capables de progresser comme à tâtons et qui rendent les peintres renaissants capables de trouver un point de fuite. Mais une telle absolution des limites du sensible n'est possible que par une prise de conscience des faiblesses d'une altérité trop incarnée. L'expérience de la chute (*casus*) est plus explicite encore, paradoxalement, dans le cas de la raison, car conformément à un héritage plotinien son accès au mode conjectural passe par une conversion vers la racine même de la raison (entendons abstractive ou déductive) qui est l'intuition de la lumière intellective. Au contraire les conjectures de l'intelligence, où le métaphysicien reconnaîtra la légèreté de ses spéculations et leur familiarité à l'égard des louanges angéliques, poursuivent dans la joie cette conversion amorcée par la raison, cette fois dans un élan intellectuel en direction de la source divine de toute lumière pour l'intelligence.

Car le philosophe avec ses images ne saurait nous laisser perdre de vue la finalité poursuivie par ses constructions mentales : la déiformation des créatures. Ne sont-elles pas toutes appelées, tant les cardinaux qui pourraient se regarder en chiens de faïence, que celles, rationnelles ou spirituelles, qui prennent conscience de leur place parmi les vivants et des imperfections de leurs conjectures, à participer à un mouvement de retour vers la lumière déifiante de l'Un? Les conjectures spéculatives peuvent ainsi sans remords ni contrition progresser indéfiniment sur le chemin d'une illumination qui les rapproche toujours davantage de la source divine

15. « Quemadmodum vero sensus in unitate rationis suam alteritatem experitur et assertiones sensibiles ab unitate praecisionis absolvendo coniecturas facit, ita ratio in radicali unitate sua, in ipso scilicet intelligentiae lumine, suam alteritatem et casum a praecisione in coniecturam invenit, sic et intelligentia ipsa, ut propinqua potentia, in unitate divina se suo quidem clarissimo modo gaudet coniectari», *Conj.* I, 11, 57 (HDG, p. 58/Sfez, p. 60).

de la lumière. Ne pouvons-nous voir là un effet de la Providence? Cette bonne fortune des intelligences résulte, dans la conception thomiste, de leur aspiration commune à la lumière bienheureuse[16]. La fortune sourit ainsi non aux seuls audacieux, mais à ceux qui rencontrent dans leur ascension vers les joies intellectuelles d'autres intelligences qui, les ayant reconnues, facilitent leur avancement. Rencontres plus rares ici-bas dans les hautes sphères des hiérarchies humaines, plus fréquentes dans celles où souffle l'esprit divin.

CONCLUSION

Les origines optiques du schéma P nous conduiraient ainsi à une sorte de relativisme optimiste. Conformément au schéma que nous avons appelé S, toute connaissance procède en fond d'œil de sa participation à la seule vérité qui se trouve en Dieu, à la base de la pyramide de la lumière. Au contraire, l'objectivité de la connaissance de l'objet qui se situe à l'extrémité inverse du cône relève d'une conjecture opérée du point de vue singulier du sujet. Or nous avons déjà eu l'occasion d'y insister dans d'autres articles, c'est dans la seule vision de Dieu qu'est susceptible de se résorber la dualité de ce regard grand angle sur l'infini contracté de sa Création et celui amoureux et créateur qu'il porte sur chacune de ses créatures qu'il fait ainsi exister. Mais à aucun moment, nous y avons suffisamment insisté dans de précédents écrits, le Cusain ne suppose une anticipation ici-bas de cette vision béatifique. Au contraire, s'il est du devoir du philosophe de viser la coïncidence des opposés au seuil du mur du paradis, il sait qu'elle ne se réalise qu'au-delà, ce qui renvoie l'accès à la parfaite vérité à une éternité bienheureuse. Mais cela ne saurait conduire à un scepticisme absolu; au contraire, nous avons vu qu'il y a place en attendant, dans la conception cusaine de la participation héritée du néoplatonisme, pour un relativisme optimiste. Les connaissances de la vérité atteintes par les créatures, quoique toujours singulières, s'ordonnent (de la sensibilité à la raison et à l'intelligence) selon une hiérarchie tripartite qui

16. Ne pouvant ici développer, voir notre article : C. Trottmann, « Hasard et providence dans le commentaire de Denys le Chartreux à la *Consolation de la Philosophie* de Boèce », *in* M.-L. Demonet (éd.), *Hasard et Providence, XIVe-XVIIe siècles. Actes du XLIXe Colloque international d'Études Humanistes*, Tours, 3-9 juillet 2006, pour le cinquantenaire du Centre d'Études Supérieures de la Renaissance, ouvrage en ligne: http://umr6576.cesr.univ-tours.fr/Publications/HasardetProvidence/articles/article.php?auteur=41.

permet leur rectification et leur perfectionnement d'un niveau à l'autre. La raison est capable de rectifier la singularité des points de vue optiques par une théorie de la perspective. La raison est encore susceptible de confesser sa chute qui la lie au sensible et de se convertir à la source de sa lumière qui est d'un niveau supérieur, intelligible. Enfin les intelligences angéliques se tournent joyeusement vers la source divine de toute lumière intellective. Or ce mouvement n'est pas seulement naturel, mais encore surnaturel : procédant du double don de la grâce et de la nature. Car pour Nicolas de Cues comme pour Thomas cette dynamique est en quelque sorte alimentée par le siphonage de la communion des saints. Les joies angéliques et celles de la Jérusalem céleste, Église triomphante, se communiquent aux âmes qui, ainsi siphonnées, se convertissent. Mais ce mouvement parallèle d'une grâce surnaturelle et d'une aspiration naturelle de toute connaissance à la lumière, rejoint selon Nicolas de Cues le monde sensible et l'opacité ultime de la matière. Nous le voyons déjà, cette métaphysique de la lumière ne saurait prendre son sens ultime que d'une eschatologie. N'y a-t-il pas en effet une altérité radicale, non celle de notre aliété, plaçant chaque créature en position conjecturale au sein des trois mondes supérieur, médian ou inférieur, mais procédant d'une obscurité plus profonde? Elle résisterait non depuis les seules profondeurs de notre psychisme, mais du tréfonds d'une révolte spirituelle, à cette aspiration de tout l'univers vers les sommets intellectuels? La base de la pyramide des ténèbres n'est-elle en effet constituée que de l'opacité de la matière, de son indétermination ? N'y trouve-t-on pas aussi des puissances spirituelles en lutte contre l'avènement de la lumière divine? Que reste-t-il aussi de l'humanisme dans l'apparente verticalité de cette métaphysique néoplatonicienne de la lumière? N'est-ce pas finalement dans le *medius mundus* que se joue l'essentiel (du moins pour l'homme) de ce combat eschatologique ?

LA VISION DU CRUCIFIÉ DANS LES SERMONS DE NICOLAS DE CUES

JEAN-CLAUDE LAGARRIGUE

Le premier réflexe de celui qui se consacre à l'étude de la vision chez Nicolas de Cues est de se replonger dans son ouvrage intitulé *Le Tableau* ou *La Vision de Dieu*. Ecrit en 1453 à destination des moines bénédictins de Tegernsee près de Munich, ce livre répond à leurs interrogations concernant les rapports du cœur et de l'intellect dans la théologie mystique héritée du Pseudo-Denys l'Aréopagite. Le rejet de la théologie scolastique et de ses méthodes trop rationnelles ne saurait conduire selon Cues à se jeter dans les voies d'une mystique affective, donnant tout à la foi et rien à l'intellect. Ce serait en quelque sorte « tomber de Charybde en Scylla », que de donner complètement raison au chartreux Hugues de Balma et son disciple Vincent d'Aggsbach, qui recommandent tous deux de se démettre instamment de toute représentation sensible ou rationnelle pour s'élever dans la nuit mystique jusqu'à l'union sanctifiante[1]. Encore de nos jours, on ne cesse de souligner ici ou là combien une interprétation seulement fidéiste biaiserait la pensée de Cues ; ce serait en quelque sorte l'enfermer

1. Hugues de Balma consacre toute la quatrième partie de sa *Théologie mystique* (trad. fr. F. Ruello, Paris, Cerf, 1995-96) à traiter la « question difficile » de savoir si l'homme peut s'élever jusqu'à l'union mystique sans s'appuyer sur la moindre image ou le moindre concept. Relayée par le chartreux Vincent d'Aggsbach, cet enseignement bien connu à Tegernsee va obliger Cues à préciser le rôle de l'intellect au sein de la docte ignorance, aussi bien dans la phase préparatoire de l'ascension spirituelle que dans la phase ultime de la vision sanctifiante.

dans le « mysticisme » en passant sous silence la dimension spéculative de sa pensée[2].

On peut se demander cependant si cette lecture ne simplifie pas un peu les choses, pour des besoins de reconstruction doctrinale. Pour celui qui accepte en effet de lire l'œuvre du Cusain dans l'ordre chronologique, n'y a-t-il pas une place évidente à ménager pour la foi, l'humble foi des gens simples? Si les grands traités de la maturité ne font intervenir la foi au Crucifié qu'en fin de parcours, au troisième livre de la *Docte ignorance* par exemple ou dans les tout derniers chapitres de la *Vision de Dieu*, est-ce vrai des sermons du Cusain, des premiers en particulier? Faut-il voir dans la théologie cusaine de la Croix une application concrète et presque populaire des subtiles analyses qu'il élabore concernant les « rapports » du fini et l'infini ? Ou bien au contraire, la théologie de la Croix est-elle au centre de la spéculation cusaine? Que nous apprennent à ce propos les premiers sermons de Cues, qui sont les premiers documents qui nous restent de sa pensée[3] ?

LA VISION DU CRUCIFIÉ DANS LES PREMIERS SERMONS DE 1430-1433

La plus cruelle des souffrances : acerbissima passio

Au début des années 1430, Nicolas de Cues est nommé prêtre puis doyen de la collégiale Saint-Florin de Coblence. De cette époque (déc. 1430-janv. 1433) datent les dix-huit premiers sermons qu'il nous reste, lesquels, mis bout à bout, couvrent l'ensemble de l'année liturgique. Deux d'entre eux sont des sermons du temps de Pâques, à savoir le *Sermon* III du 29 mars 1431, et le *Sermon* XII du 20 avril 1432[4]. D'emblée,

2. J.-M. Counet, dans sa récente traduction des *Conjectures* critique ainsi la lecture fidéiste de l'humaniste allemand Jean Reuchlin (1455-1522), qui prépare, d'après lui, la voie au luthéranisme (*Conj.*, p. CX-CXI).

3. Sur les sermons de Cues, voir l'excellent article de W. A. Euler dans l'*Encyclopédie des mystiques rhénans*, Paris, Cerf, 2011, p. 1081-1084. Ne demeurent souvent que les brouillons de ces sermons ; mais un grand nombre d'entre eux furent retravaillés en vue d'une publication par le Cusain, car ce dernier les considérait comme « le deuxième pilier » de son oeuvre (p. 1082). Le style de la prédication frappe le lecteur d'aujourd'hui comme l'auditeur d'autrefois par le très haut niveau intellectuel.

4. On peut y ajouter le premier sermon de Noël 1430, qui contient une analyse d'inspiration anselmienne des raisons de la Crucifixion dans sa troisième partie (n. 23).

on est frappé, à la lecture, par sa manière d'insister sur la cruauté et la douleur extrême du Crucifié. Il y a là un motif central de sa prédication, qui ne sera jamais démenti et qu'il méditera sans cesse.

La souffrance endurée est, selon Cues, d'une dureté exceptionnelle, qui échappe à la loi commune. Certes, la Croix est déjà, en elle-même une exécution particulièrement atroce, par l'impudeur et la durée de la mise à mort. Exposé nu à tous les regards, le supplicié meurt dans d'affreuses douleurs, abandonné de tous. En outre, tout homme ne peut être que blessé dans sa dignité d'être ainsi livré aux regards impudiques de la populace au moment de mourir.

Mais le fait que le supplicié soit le Christ ajoute encore à la souffrance, précise Cues. Vierge dans son corps et innocent dans son âme, pur dans toute sa personne, le Christ n'a pas enduré seulement une grande souffrance, ni même une très grande souffrance, mais la plus cruelle des souffrances, *acerbissima passio*. « Ô Seigneur, s'exclame Cues dans le *Sermon* III, fais en sorte que je goûte à la douceur de ta Passion très cruelle ! »[5]. Et Cues de continuer :

> Ô fondement de toute humilité, je vois que ce n'est pas « dans les ripailles et les beuveries » (Rm 13, 13) qu'est la vie, mais « dans la Croix et dans le fait de revêtir le Crucifié » (Rm 13, 14). Car tout ce qu'on cherche ailleurs, c'est ici seulement qu'on le trouve. Tu n'as pas assumé, en effet, la nature angélique, qui est dépourvue de corps, car c'est par le moyen de l'humanité que tu as assumée que tu voulais offrir un secours à toutes les créatures. Ton humanité est l'échelle par laquelle la créature monte vers Dieu. [Certes] « il n'y a pas de proportion du fini à l'infini », mais il y a une concordance symbolique entre ton humanité et les créatures. C'est donc *vers toi* que nous montons, par l'amour [que nous avons] de toi ; *en toi* que nous sommes transformés ; *par toi* que nous sommes unis, comme ton humanité est unie à Dieu. Et nous sommes unis en toi, notre chef, par notre ascension d'amour et ton abaissement, grâce à ta bonté infinie et ta grâce[6].

On ne peut que relever le christocentrisme de l'analyse. Devant la disproportion du fini à l'infini, que le Cusain reprend du traité *Du Ciel* d'Aristote, et qui reviendra notamment au début de la *Docte ignorance*[7],

5. *Sermon* III, 10, l. 16 (HDG, p. 47) : « Fac, ut dulcedinem tuae acerbissimae passionis gustet anima mea ! ».

6. *Sermon* III, 11 (notre traduction).

7. Aristote, *De Caelo*, I, 6, 274 a7 ; I, 7, 275 a13 ; Cues, *Doct. Ignor.*, I, 3, 9 (HDG, p. 8/Lagarrigue, p. 82).

Cues en appelle immédiatement au Christ. C'est lui qui jette une « échelle » entre le fini et l'infini, et non nos spéculations intellectuelles. La Crucifixion est le terme de l'abaissement de Dieu, qui s'est incarné pour venir en aide aux hommes. Il fallait que Dieu descende jusque-là, pour que l'homme puisse monter jusqu'à Dieu. Il fallait que Dieu vienne nous chercher jusque dans les profondeurs infernales de notre cœur pour qu'on puisse monter au ciel de son amour.

La source franciscaine de la pensée cusaine concernant la Croix

Cette manière de méditer la Croix, pour ainsi dire dans le creux des plaies du Crucifié, n'est pas chose nouvelle. Pour le dire tout de suite, je la crois franciscaine d'inspiration.

La première raison qui me conduit à rapprocher Cues de la spiritualité franciscaine, est l'insistance de cette dernière à mettre l'image du Crucifié au sommet de la sanctification. Nul ne peut être un autre Christ, si ce n'est celui qui meurt comme le Christ. Ainsi saint François se prosterne-t-il, frappé de stupeur, devant le crucifix de la chapelle saint Damien. C'est alors que se redressant vers le visage du Crucifié, Dieu lui demande d'aller reconstruire son Église. François n'est encore qu'au début de son itinéraire; plus tard, l'image du Crucifié se sera à ce point marquée dans son esprit qu'elle se marquera dans son corps, faisant de lui, selon ses disciples, l'image vivante du Christ. Du coup, l'image du Crucifié cesse d'être un retable derrière l'autel, à l'arrière-plan de la prédication, puisqu'elle est peinte sur la propre chair du prédicateur. Dans la ténèbre de la nuit obscure, une image demeure, celle du Crucifié. Là où s'abolissent toutes les images des créatures, il reste celle de l'anéantissement de Dieu.

Bonaventure est sur ce point dans le parfait prolongement de saint François. Il écrit ainsi, dans le dernier chapitre de *L'itinéraire de l'esprit vers Dieu*, que l'âme qui cherche Dieu doit franchir les six marches du trône de Salomon ou les six ailes du Séraphin, car c'est *au-delà* que se trouve le Crucifié. Au terme de ces pérégrinations, au-delà même de la *vision intellectuelle*, qui correspond aux cinquième et sixième degrés, le chrétien qui se tourne enfin à plein visage vers le Crucifié « fait pâque avec lui », c'est-à-dire que s'ouvre pour lui le passage vers l'au-delà. Traversant la mort, comme Moïse la mer rouge (ou « la mer des joncs »), le chrétien « entre dans le désert », « se repose avec le Christ dans le tombeau, comme mort au monde extérieur »; il est alors ravi « au troisième ciel », comme le bon larron, à qui Jésus promet d'être au paradis dès aujourd'hui (Lc 23, 43), c'est-à-dire dès cette vie (« autant que cela est possible à notre état de voyageur » précise Bonaventure)[8].

La deuxième raison de rapprocher Cues de la pensée franciscaine se trouve dans le *Sermon* XII d'avril 1432. En effet, au moment de parler enfin de la crucifixion, Nicolas de Cues *recopie* carrément un chapitre du *Breviloquium* de Bonaventure. Ce texte, évidemment bien choisi, déclare que le Christ a enduré « la plus générale » des souffrances, « la plus cruelle » aussi, et « la plus honteuse »; en un mot il a éprouvé, durant son agonie, la souffrance même de la mort[9].

Arrêtons-nous quelques instants sur le premier de ces superlatifs, la souffrance « la plus générale ». Cette souffrance est « générale » – on dirait aujourd'hui « intégrale » – en ce sens qu'elle ne laisse échapper aucune partie du corps, ni même aucune puissance de l'âme, ni même « la partie supérieure de la raison ».

Les deux bornes fixées par Thomas d'Aquin aux souffrances du Crucifié

Mais, pourrait-on objecter, comme le Christ n'a pu souffrir que dans sa nature humaine, et non dans sa nature divine, la souffrance n'a pas pu atteindre chez lui la partie la plus haute de l'âme, l'intellect ou la syndérèse. Telle est la thèse de Thomas d'Aquin[10]. Ce dernier reconnaît bien volontiers que les souffrances du Christ étaient les plus grandes possibles en cette vie, qu'il en a enduré toutes les variétés, jusqu'à atteindre les sommets de la cruauté et de l'ignominie. Mais Thomas éprouve le besoin de mettre des bornes à la souffrance du Crucifié. Il considère en effet que l'intellect, partie supérieure de la raison, n'a point souffert. Certes, la souffrance endurée par le Christ a rejailli sur l'ensemble de l'âme dans son essence, mais cela ne veut pas dire pour autant qu'elle a rejailli forcément sur toutes les puissances de l'âme. Car la puissance intellectuelle ne peut être attristée par son objet qui est Dieu, lequel est resté source de délectation et de joie. Bref, le Christ n'a pas perdu la vision béatifique.

8. Bonaventure, *It.*, VII, 2 (Paris, Vrin, 1994, p. 101-103).

9. Bonaventure, *Brev.*, IV, 9 (Paris, Éd. Franciscaines, 1967, t. 5, p. 113-115); Cues, *Sermon* XII, 5-6 (HDG, p. 231-232).

10. Thomas d'Aquin, *Somme théologique*, IIIa pars, q. 46, a. 7 (Paris, Cerf, 2000, t. IV, p. 341-343).

Bonaventure considère cependant que comme le péché a atteint le genre humain dans son intégralité, il est aussi besoin que le Christ souffre dans son intégralité; sa souffrance «générale» ne souffre aucune exception: «le Christ a enduré la plus générale (*generalissima*) des souffrances, quant à sa nature humaine, non seulement dans tous les membres de son corps, mais aussi dans toutes les puissances de son âme, bien qu'il ne pusse rien souffrir selon sa nature divine»[11]. Distinguer, comme Thomas, l'essence et les puissances, en affirmant que la souffrance a affecté le tout de l'âme mais pas nécessairement toutes les parties, apparaît dans cette perspective comme une argutie qui risque de faire croire à l'incomplétude de la souffrance endurée[12].

Thomas éprouve le besoin de poser une autre borne. Pour lui, la souffrance du Christ n'est pas allée jusqu'à celle des damnés: «Lorsque nous disons que la douleur du Christ était la plus grande, nous ne voulons pas la comparer à celle de l'âme séparée»[13]. Car cette dernière souffrance n'appartient pas aux souffrances de cette vie, mais à celle de l'autre vie. La souffrance du Christ en train d'agoniser – *et donc toujours en vie* – est de ce fait la plus grande des souffrances possibles *en cette vie seulement*. Sur ce point, Nicolas de Cues ira, là encore, plus loin que Thomas d'Aquin, comme on le verra.

La vision des damnés dans les sermons de la maturité

La vision compatissante des damnés

Les sermons postérieurs sont en effet d'une parfaite constance. Cues prendra toujours le parti de suivre Bonaventure plutôt que Thomas d'Aquin. Son originalité est de penser la souffrance maximale du Christ en termes de regards échangés.

11. Bonaventure, *Brev.* IV,9 ; Nicolas de Cues, *Sermon* XII, 5.

12. Au bout de cette interprétation « maximalisante » se trouve la « théologie de la Croix » de Luther. Dire que le Christ ne perd jamais la vision de Dieu est une chose, dire que cette vision est toujours béatifique en est une autre. Prenant sur lui la peine de la Croix pour racheter l'humanité pécheresse, il paraît logique de penser que le Christ a perçu alors le courroux du Seigneur à l'encontre de ses serviteurs désobéissants et non plus la bonté de son Père. Sur cette question, lire M. Lienhard, *Au cœur de la foi de Luther : Jésus-Christ*, Paris, Desclée, 1991, p. 90-106 et p. 174-177.

13. *S. Th.* IIIa pars, q. 46, a. 6 (éd. cit. p. 341).

Car la Croix n'est pas seulement ce que l'humanité contemple, mais aussi ce qui nous contemple d'en haut. Le croisement des regards engendre un échange de « coups au cœur ». Cela vaut au premier chef pour Marie. Car, ainsi que Syméon l'avait prophétisé à Marie, lors de la présentation de Jésus au temple, une épée de douleur lui transperce l'âme (Lc 2, 35). Dans le *Sermon* CCLXXVIII du 14 avril 1457, l'Église de Brixen, personnifiée, dans une sorte de colloque mystique au pied de la Croix auquel l'apôtre Jean vient se joindre, fait part à Marie de ses craintes de voir les plaies de sa compassion se rouvrir ; mais cette dernière la rassure en lui expliquant que cela la réjouit de voir tant de fidèles prendre part, eux aussi, à la souffrance du Christ ; prenant à leur tour la croix, ils accéderont eux aussi à la vie en Christ[14]. La figure de la *Mater dolorosa*, évanouie *comme morte* au pied de la Croix, que l'on retrouve par exemple dans la *Descente de croix* du peintre belge Rogier van der Weyden[15], est un exemple pour chaque fidèle, qui doit se jeter au pied de la Croix et s'abandonner lui-même.

Notre compassion pour le Crucifié rencontre ainsi la compassion du Crucifié à notre égard. Mais cette infinie miséricorde n'est sensible qu'en regard de *sa sévérité sans limite* : par amour, le Christ éprouve comme nous, avec nous, et pour ainsi dire à notre place, la peine que Dieu réserve à l'humanité depuis que celle-ci lui a désobéi. La violence extrême du châtiment, qui signale la colère de Dieu, rend encore plus éclatante son infinie miséricorde, puisqu'il accepte de donner son fils pour racheter la faute commise. Sans la violence terrible de la peine, notre gratitude ne mesurerait pas la grandeur de la miséricorde divine. Ainsi Cues écrit dans le *Sermon* XXVII du 19 avril 1443 :

> Et ainsi, avec cette immense Passion, en laquelle toutes les langueurs sont enveloppées, il parvint jusqu'à la mort, voulant ainsi souffrir de la façon qu'il souffrit pendant la Pâque, « quand son heure fut venue de passer de ce monde au Père » (Jn 13, 1), pour que, « maître et seigneur » (Jn 13, 13 *sq.*), il enseignât par son action par quelle voie le trajet de ce monde au Père peut être accompli, à commencer par le mépris de toutes les choses qui sont données en ce monde.
>
> Et s'il a voulu par un tel « jugement du monde » (Jn 12, 31) aller jusqu'à la mort, c'est pour que nous sachions que le Jugement de Dieu sur ce monde et

14. *Sermon* CCLXXVIII, 3-6 (HDG, p. 568-569).

15. Ce tableau, qui se trouve actuellement au musée du Prado à Madrid, a été peint vers 1435. Cues qualifie Rogier van der Weyden de « très grand peintre » (*maximus pictor*) dans la préface du *De Visione Dei* de 1453.

> ses présomptions sera [aussi brutal] que [le jugement] de ce monde l'a été contre Lui, qui est « la Vérité ». [...]
> Ainsi donc, tous les hommes en ce monde peuvent apprendre, par ce Jugement, quel est le Jugement de Dieu sur leur comportement habituel. Le royaume terrestre tourné vers ce monde sera jugé par Dieu d'une façon [aussi brutale] que le royaume de la vérité en Christ a été jugé dans le monde[16].

On est évidemment très au-delà de l'analyse de Thomas d'Aquin. Sur la première borne fixée par ce dernier aux souffrances du Christ, Cues est très clair dans le même *Sermon* XXVII : la souffrance concerne aussi bien la sensibilité que la raison ou l'intellect. Toutes les puissances de l'âme sont concernées, ainsi que le disait déjà Bonaventure.

> Mais, parce que nous considérons qu'il y a dans la nature humaine l'esprit intellectuel supérieur, l'âme rationnelle et la vie sensible, [nous pouvons en déduire qu'] il a souffert selon ce qui est au sommet de l'intelligence, quand il a vu à l'avance, lui qui a voulu qu'en lui « tous soient sauvés » (1 Tm 2, 4), « qui croiront en lui et deviendront ainsi fils de Dieu » (Jn 1, 12), la troupe sans nombre des infidèles à venir; il a souffert aussi dans la clarté de la raison, quand il a vu les fidèles user de leur raison et de leur discernement pour s'éloigner assez souvent du péché mais plus souvent encore s'y précipiter; il a souffert enfin dans sa sensibilité en voyant à l'avance les fidèles cette fois-ci, et non plus les hérétiques, en train d'endurer des martyres sans nombre[17].

Cues n'insiste plus, dans ce passage, sur la chair endolorie du Christ qui communique d'autant mieux la douleur physique qu'elle est moins endurcie. Ce qui l'intéresse c'est en quelque sorte la sensibilité du cœur. Il y a certes le coup de lance dans le flanc, mais il y a aussi les blessures intimes que lui infligent les regards sadiques de la foule, et ceux, honteux et lâches de ses disciples qui se détournent. La scène que le Christ contemple du haut de la Croix est particulièrement désolante.

Mais par-delà la scène particulière du Golgotha, son regard englobe plus largement l'humanité. Le regard du Christ n'est plus tant celui d'un homme que celui de Dieu, qui outrepasse le moment présent. Sous le regard divin, c'est toute l'humanité qui donne à voir les misères honteuses et les lâchetés scandaleuses de sa conduite. Il y a certes parmi eux les futurs

16. *Sermon* XXVII du 19 avril 1443, sur « *Mais Jésus mourut en poussant un grand cri* », 4 (HDG, p. 6, notre traduction).
17. *Ibid.*

saints, mais le Christ contemple déjà leur future persécution; il y a surtout la foule innombrable de tous ceux qui ne méritent que de subir le dur châtiment de Dieu. Car le Christ voit déjà les futurs damnés, écrit Cues[18].

Cette précision bouscule, on le voit, la disposition des lieux : les damnés ne sont-ils pas en enfer? Se pourrait-il donc que le regard du Christ enveloppe dans un même espace l'humanité entière, comprenant les damnés aussi? La thèse nous semble claire : sa Passion contient et enveloppe la souffrance de toute l'humanité. Or comme il y a des hommes qui souffrent des peines infernales, il faut aussi que la souffrance du Christ aille jusqu'à partager en quelque façon la condition des damnés.

Mais nous anticipons déjà sur la transgression la plus spectaculaire du Cusain, qui est sa manière de franchir la deuxième borne posée par Thomas concernant la souffrance des damnés. Car Cues affirme bel et bien en toutes lettres que le Christ a enduré jusqu'aux souffrances des damnés. Il faut citer ici, bien évidemment le *Sermon* CCLXXVI du 4 avril 1457 consacré dans sa seconde partie à un verset de l'Évangile de Jean (8, 51), qui promet à celui qui garde la parole de Dieu de « ne jamais voir la mort ». Manifestement porté par le thème de cette deuxième partie, une idée vient alors à l'esprit du Cusain, qui donne lieu immédiatement à un développement[19] :

> Et pendant que je prêche, il me vient à l'esprit la raison pour laquelle la peine achevée (*poena consummata*) est la vision de la mort par le chemin de la connaissance. En effet, c'est parce que la mort du Christ est allée jusqu'à son achèvement (*fuit consummata*), qu'il a vu par le chemin de la connaissance la mort qu'il avait choisi de souffrir [...]. C'est alors que l'âme du Christ descendit aux enfers, où est la vision de la mort (la mort est en effet appelée enfer en Apocalypse 20 [13-14]), et que [son âme] fut libérée « de l'enfer inférieur » (Ps 86 (85), 12-13) (car le Prophète déclare que le Christ a dit au Père qu' « il a délivré son âme de l'enfer inférieur »)[20].
>
> L'enfer inférieur (ou plus profond) est là où on voit la mort. Quand Dieu ressuscita le Christ, il le tira de l'enfer inférieur. Il est dit en Actes, 2 [24] : « les douleurs de l'enfer ayant été dissoutes » ; et le Prophète [déclare dans les Psaumes, 16 (15), 10] : « Il n'a pas laissé mon âme en enfer ». Ainsi

18. *Ibid.* Voir aussi le passage cité plus bas du *Sermon* CCLXXVI, qui précise que c'est « par le chemin de la connaissance », c'est-à-dire par « la vision de la mort » éternelle endurée aux enfers par les damnés, que la mort a été portée à son achèvement sur la Croix.

19. *Sermon* CCLXXVI, 20-21, du 4 avril 1457.

20. Ps 86 (85), 2-13 : « Seigneur mon Dieu, je veux te célébrer de tout mon cœur, et glorifier ton nom pour toujours, car ta fidélité est grande envers moi, et tu m'as délivré des profondeurs de l'enfer ».

> donc, si tu considères correctement les choses, la Passion du Christ, en comparaison de laquelle aucune ne peut être plus grande, fut comme celle des damnés (*ut damnatorum*), qui ne peuvent être damnés davantage, c'est-à-dire [qu'elle fut] jusqu'à la peine infernale (*usque ad poenam infernalem*), comme disait le Prophète en son nom: « les douleurs de l'enfer m'ont enserré » (Ps 116 (114-115), 3). Il ajoute d'ailleurs à leurs propos que son âme en a été délivrée, disant : « Tu as conduit mon âme hors de l'enfer » (Ps 25 (24), 4).

Ce texte, on le voit, reprend et approfondit le précédent. La vision de la mort, éprouvée sur la Croix, et sans doute déjà au mont des oliviers, ne porte pas que sur la mort temporelle du corps, mais aussi sur la mort éternelle de l'âme, que Jean dans l'Apocalypse appelle la « seconde mort »[21].

Mais qu'est-ce que cela veut dire, au juste, « voir la mort » ? La Christ voit-il Dieu infliger la mort, ou bien voit-il l'effet de la colère terrible de Dieu sur les hommes ? L'objet de sa vision est-il Dieu donnant la mort, ou bien la mort donnée? Le texte continue en évoquant l'image biblique de « l'étang de feu »[22], dans lequel les âmes brûlent comme des naufragés dans une nappe de pétrole en feu. Le Christ, nous dit Cues, « a accepté d'endurer cette peine du sens conforme aux damnés de l'enfer »[23].

Mais il ne parle pas, remarquons-le, de la peine du dam, qui est l'abandon et le rejet de la part de Dieu, mais de la souffrance charnelle des damnés. Faut-il y voir une sorte de réserve de la part du Cusain ? Le Christ ne souffrirait-il que la peine du sens mais pas celle du dam ? Mais peut-on encore parler de « peine achevée » ou « consommée »[24], c'est-à-dire de « paroxysme de la peine » si l'on retranche la peine du dam de la peine des damnés ? À l'inverse, lui accorder cette peine du dam n'est-il pas aller trop loin en faisant du Christ un damné, alors qu'il est « l'agneau innocent et sans tache » ?

21. Ap 20, 14.
22. *Ibid.*
23. *Sermon* CCLXXVI, 22 (HDG, p. 549).
24. D'après Jn 19, 30 : « Tout est achevé » ; sur cette notion de consommation, voir les *Sermons* CCXXVII à CCXXIX.

La reprise de la thèse cusaine par Lefèvre d'Etaples et sa radicalisation par les Réformateurs protestants

Ces questions sont au cœur de la réflexion de l'humaniste français Lefèvre d'Etaples, qui s'appuie, dans le *Quintuple Psautier* édité en 1509, très précisément sur ce passage du *Sermon* CCLXXVI, lorsqu'il commente le Psaume XXX[25]. Avec beaucoup de circonspection, il faut le souligner, Lefèvre se demande lui aussi si le Cusain, en accordant en quelque sorte au Crucifié la souffrance des damnés, va jusqu'à lui attribuer la peine du dam, par-delà le feu de la peine du sens. Un de ses lecteurs, le chartreux Pierre Marnef de Leyde, alors prieur de l'abbaye de Gosnay, lui écrit, alarmé, que ces sortes de recherches franchissent très certainement les bornes de l'orthodoxie[26]. Au premier abord sans doute; mais est-ce bien le cas, en réalité? S'écarter ici de Thomas d'Aquin est-ce en effet forcément s'écarter du *Credo*? Qu'en est-il par exemple de l'article de la descente aux enfers et de son articulation avec la Crucifixion? Dans sa longue réponse, qui forme la préface de la deuxième édition de 1513, Lefèvre s'efforce de défendre le Cusain, en expliquant que la pensée de Cues permet de mettre de l'ordre dans la réflexion que nous portons à la Croix. Tout d'abord, Cues nous oblige à comprendre que la Croix du Christ est la souffrance maximale, qui ne saurait être répétée d'aucune façon. La descente aux enfers ne peut signifier que le Christ y est descendu pour souffrir à nouveau, mais pour manifester l'éclat de son triomphe jusqu'en enfer.

Lefèvre ne va guère plus loin, lui qui ne cesse de protester de sa parfaite obéissance envers la doctrine de l'Église. Mais libre à d'autres de protester d'une autre façon! Car évidemment, son texte n'est pas passé inaperçu. Dès 1515-1516, Luther reprend la question et considère que le Christ a souffert comme un damné, au point même de ressentir la colère de Dieu. Trêve de bavardages et de demi-mesures, « le Christ a été damné et abandonné », sa souffrance est allée au-delà de celle des autres hommes, et

25. Jacques Lefèvre d'Etaples, *Quincuplex Psalterium*, 1re éd. 1509, 2e éd. 1513; facsimilé de l'édition de 1513, Genève, Droz, 1979. Voir dans la Préface en particulier l'Appendice sur le Ps 30, fol. A. iii.

26. Sur ce sujet, voir G. Bédouelle, *Le Quincuplex Psalterium de Lefèvre d'Etaples. Un guide de lecture*, Genève, Droz, 1979, p. 154-161. Quelques précisions supplémentaires dans J.-C. Lagarrigue, « Les souffrances infernales du Christ en Croix : Lefèvre d'Etaples entre Nicolas de Cues et Luther », dans *Nikolaus von Kues : De venatione sapientiae*, MFCG 32, Actes du colloque de Trèves du 23 au 25 oct. 2008, Walter Euler (éd.), Saarbrücken, Paulinus, 2010, p. 301-316.

même de celle de tous les saints[27] ! Même thèse « hyperbolique » chez Calvin, qui considère, quant à lui, que la Crucifixion est tout bonnement la même chose que la descente aux enfers[28].

Remarquons toutefois que la pensée des Réformateurs va très certainement un peu plus loin que celle de Nicolas de Cues. Dire en effet que la souffrance du Christ est allée jusqu'à son paroxysme ne signifie pas, me semble-t-il, que sa peine est *identique* (ou identifiée) à celle des damnés, cela veut dire tout au plus qu'elle lui est *égale* (ou qu'elle s'est égalée à elle). La peine des damnés vise en effet leur personne même ; or ce n'est pas le cas du Christ pour le Cusain, qui ne souffre dans sa nature humaine que *par com-passion*.

C'est là sans doute la principale différence avec Luther, à mon sens. Pour ce dernier, le Christ vient nous sauver en personne, en prenant notre place. Cette substitution opère de personne à personne : elle est une manière de satisfaction pénale, puisque le Christ endure la peine à notre place[29]. C'est un peu comme si le Christ prenait sur lui la foudre de la colère divine, sauvant ainsi le reste du troupeau. Or pour le Cusain, le Christ n'endure la souffrance des damnés que parce qu'il les voit et qu'il se sent touché dans son humanité. Acceptant d'assumer cette souffrance par compassion, il perçoit lui aussi les affres de la seconde mort, en plus du feu de la souffrance corporelle ; mais ce qu'il voit est *l'effet* de la colère divine, et non Dieu lui-même en colère. Sa souffrance étant une forme de compassion, il faudrait parler plutôt de *substitution morale* que de *substitution pénale* pour la doctrine cusaine de la Croix.

27. Luther, *Commentaire de l'Epître aux Romains*, 1515-1516 (Weimarer Ausgabe 56, 392) : « Car le Christ, plus que tous les saints, a été damné et abandonné. Et il n'a pas supporté aisément la souffrance, ainsi que certains se l'imaginent. C'est réellement et véridiquement qu'il s'est offert pour nous à Dieu le Père en vue de la damnation éternelle. Et sa nature humaine ne s'est pas comportée autrement qu'un homme éternellement condamné à l'enfer. Et c'est à cause de cette charité qu'il portait à Dieu, que Dieu l'a relevé aussitôt de la mort et de l'enfer ; et c'est ainsi qu'il a mordu l'enfer ! [...] Le Christ a fait cela en éprouvant la plus dure souffrance qui soit. De là vient qu'en de nombreux passages il se plaint des souffrances de l'enfer. Ceux qui repoussent cette interprétation sont encore mus par les imaginations de la chair » (trad. fr. G. Lagarrigue, *Œuvres*, Labor et Fides, t. XII, p. 154 ; Pléiade, t. I, p. 77).

28. Calvin, *Institution de la religion chrétienne*, II, 16, § 9-11, Paris, Vrin, 1957, t. II, p. 288-291.

29. Sur la « théologie de la Croix » et la souffrance du Christ chez Luther, voir M. Lienhard, *Au cœur de la foi de Luther : Jésus-Christ*, Paris, Deslée, 1991, p. 90-101 notamment.

On ne saurait donc confondre tout à fait la pensée de Cues et celle des Réformateurs sur cette question, même si la pensée de ces derniers a très certainement profité de la reprise du *Sermon* CCLXXVI de Cues dans le *Quintuple Psautier* de Lefèvre[30].

Un lecteur habitué aux traités spéculatifs de Cues aura peut-être été un peu surpris par la dimension christologique et la tonalité presque « évangélique » de ces quelques analyses de la Crucifixion, telles qu'on les trouve dans les *Sermons* de Cues. Pas de figures géométriques ici, ou de polygones inscrits tendant à égaler le cercle à mesure que les côtés se multiplient, ainsi qu'on peut les trouver par exemple dans certains chapitres (un peu fastidieux il faut l'avouer) du premier livre de la *Docte ignorance* (chap. XI-XXII).

Faut-il toutefois aller jusqu'à dire qu'on se retrouve du coup en plein fidéisme? Certes non, car ce serait passer sous silence tout l'effort du Cusain pour aider l'esprit à s'élever de la sensibilité à la raison, de la raison à l'intellect. Mais il demeure qu'à la fin, il y a la ténèbre de la détresse. Dans la nuit obscure de la mort à soi, dans l'absence de toute représentation, intellectuelle aussi bien que sensible et rationnelle, l'esprit fait alors la rencontre du Crucifié qui vient le chercher et le sortir de là. Lisons plutôt :

> Lorsque je m'élève, Seigneur, à une si haute considération, je connais que la lumière de mon intellect ne peut rien, et que toi seul es celui qui peut tout. Les [esprits] curieux cherchent à connaître aussi bien les causes que les raisons et les signes; moi, c'est par la foi que j'ai accès à toi (*ego per fidem ad te accedo*)[31].

Ego per fidem ad te accedo: il n'est pas question ici de dépasser la raison vers l'intellect, mais de dépasser et de fonder l'intellect par la foi. Il faut rappeler *in fine* que l'intellect est incapable de connaître Dieu, s'il ne s'appuie sur la révélation même de Dieu. Seul Dieu connaît Dieu; l'homme ne le connaît par conséquent que si Dieu condescend à se montrer aux hommes. La lecture des *Sermons* de Cues ne peut donc que nous inciter à

30. Je rejoins la conclusion nuancée de W. A. Euler, art. « Théologie de la Croix », *Encyclopédie des mystiques rhénans*, Paris, Cerf, 2011, p. 1150-1152. Il faut lire aussi du même auteur : « Does Nicholas Cusanus Have a Theology of the Cross ? », *Journal of Religion* 80/3, 2000, p. 405-420.

31. *Sermon* III, 24 (HDG, p. 53). Voir également le chapitre de la *Docte ignorance* consacré « aux mystères de la foi » : on peut y lire par exemple que « l'intellect est dirigé par la foi, et la foi déployée par l'intellect. Où il n'y a point de saine foi, il n'y a point de vrai intellect », III, 11, 244 (HDG, p. 152/Lagarrigue, p. 279).

modérer les critiques adressées aux lectures fidéistes de Cues. La pensée de ce dernier, en effet, n'arrête pas sa course lorsqu'elle accède au niveau de l'intellectualité pure; elle a retenu la leçon franciscaine, qui recommande de renoncer à l'intellect au terme ultime de notre quête de Dieu : c'est dans cet au-delà que se trouve le Verbe crucifié.

ANALOGY, CREATION AND DESCENT IN CUSA AND AQUINAS

SIMON OLIVER

The obvious question of Nicholas of Cusa's place within the Western intellectual tradition concerns his relation to Renaissance and modern thought, but also to his medieval predecessors. Given his rejection of some of the key tenets of classical Aristotelian logic in relation to the doctrine of God, it might be thought that Cusa's writings would represent a genuine departure from the priorities of those thirteenth and fourteenth century scholastics who are so influenced by the Stagirite's reintroduction into the Latin West. However, it is possible to trace clear connections between Cusa's thought and Thomas Aquinas's synthesis of Platonic and Aristotelian philosophy in the service of Christian theology. Whilst not repeating Aquinas, Cusa remains in continuity with the Angelic Doctor's thought, particularly its rich Neoplatonic strand, whilst outlining the radical implications of this tradition in the form of a Christian philosophy that is profoundly apophatic. More particularly, Cusa's thought can help to address issues that, whilst raised in acute fashion by Aquinas, nevertheless remain somewhat unresolved in the Dominican's great body of work.

In this essay, I will draw connections between Aquinas and Cusa with reference to the concepts of 'decent' and 'kenosis' as they are related to the doctrine of creation and Christology[1]. Descent is immediately reminiscent

1. The interpretation of 'kenosis' as it appears in Philippians 2 is contentious. This hymn to Christ has the sense of 'emptying' and 'humbling', with the obverse sense of 'exaltation'. I will treat descent as encapsulated within the meaning of 'kenosis', although Cusa has a frame

of the tradition of kenotic Christology that was recovered with notable force in the late nineteenth and early twentieth centuries[2]. However, we will see that Cusa deploys the concept of descent more widely and in a very sophisticated fashion, but always with a Christological focus. I will first apply the concept of descent to a problem in the doctrine of creation that emerges from an Augustinian-Thomist doctrine of God inherited by Cusa. On this view, all things are known pre-eminently as they exist in the divine mind; creation 'participates' in those ideas by divine grace. With reference to Aquinas, I will outline the way in which the nature of that participation is described in terms of *analogia attributionis*. However, this will present a problem: if things are known pre-eminently as they exist in the divine mind (a common theme in the Neoplatonic tradition), why does God create? To provide a tentative answer to this question, I will turn to a more extensive discussion of Cusa's doctrine of creation and Christology, particularly as these are expressed in his short treatise *De Dato Patris Luminum*. We will see that creation, as a descending gift from the Father of lights, is Christological in form. In the Incarnation, which for Cusa has its own eternal dimension, Christ descends to enfold creation in every aspect. Creation is an aspect of divine self-diffusion for the purpose of the Incarnation of the Word. Yet descent accompanies Christ along his entire journey not by some accident of history, for history is made subject to Christ and not vice versa. Rather, descent accompanies Christ because God revealed in Christ is kenotic in character and both creation and Christ are received 'in a descending manner', this being an aspect of divine self-diffusiveness. As a theophany, creation too reflects this character of self-diffusion. Cusa therefore provides a more detailed philosophical and theological analysis of creation in relation to Christ, in whom and for whom all things were created (Colossians 1.16). This is in continuity with Aquinas's view that the incarnation in a matter of *convenientia* – the aesthetic category of 'fittingness' – which is also an expression of perfect divine freedom. For Cusa, the category of descent deployed within the doctrine of creation is more explicitly an aspect of Christology: the Christ

of reference broader than Philippians 2 when deploying the concept of descent. Most obviously, he refers to James 1.17 in relation to creation. My contention is that kenosis is connected to descent as Christology is connected to the doctrine of creation.

2. G. Ward, "Kenosis: Death, Discourse and Resurrection", *in* L. Gardner, D. Moss, B. Quash and G. Ward, *Balthasar at the End of Modernity*, Edinburgh, T&T Clark, 1999. S. C. Evans, *Exploring Kenotic Christology: The Self-Emptying of God*, Oxford, Oxford University Press, 2006.

who eternally descends and becomes incarnate in history for our salvation. I begin, however, with the doctrine of creation in its Thomistic guise.

CREATION AND ANALOGY

The relation between God and creation is frequently understood in terms of analogy, although the nature of that analogy is heavily contested. One of the most succinct, influential and important discussions of analogy in the Christian tradition can be found in question 13 of the *Prima Pars* of Aquinas's *Summa Theologiae*. Although ostensibly only concerned with how one speaks of God, numerous commentators see in this question a more fundamental background and unavoidable implications for Aquinas' doctrines of God and creation. In this question, Aquinas claims that our language about God is neither univocal nor equivocal; it is analogical. So when we say 'God is good' and 'John is good' we are using the word 'good' in neither the same way nor in utterly different ways, but in an analogical fashion. What is the nature of that analogy? Aquinas rejects the notion that the nature of that analogy consists in a proper proportion between God's goodness and John's goodness, or in any comparative ratio. God, being infinite, cannot be subject to a ratio with something else. This much is clarified in Cusa's *De Docta Ignorantia*. Rather, Aquinas states that in analogical speech concerning God there is a principal focus for perfection terms such as 'good'. That principal focus is God, and indeed all perfection terms are predicated primarily of God and secondarily of creatures. The term 'good' is predicated of creatures by attribution. What does this mean? Imagine that we refer to a complexion as 'healthy'. It is not healthy in itself, but only as a sign of a human being who is healthy in herself. So health is predicated *primarily* of a human being, and by attribution to a complexion by virtue of the complexion's relation (as a sign) to the healthy human being. In the case of speech about God, goodness is predicated *primarily* of God – who is good in himself – and by attribution to creatures because creaturely goodness is a result of the inflowing of divine, creative power. Creatures are good in a secondary, related sense by virtue of their fundamental relation to God.

While it may be true that the immediate focus of Aquinas's text on the names of God in the *Summa Theologiae* is language, his account of *analogia attributionis* has nevertheless been deployed to understand the so-called *analogia entis*, or analogy of being. Existence is predicated primarily of God because God exists in himself as *esse ipsum*. Existence is predicated by attribution to creatures by virtue of a relation to God as creator. Indeed, the metaphysical implication of analogy is spelled out explicitly in Aquinas's early work of 1252 or 1253, *De Principiis Naturae*:

> And so, "being" is said first of all of substance, and posteriorly of the others [quantity, quality, etc.]. And this is why being is not a genus in relation to substance and quantity, i.e., because no genus is predicated of its species, first of one, and posteriorly of others, and being is predicated in just that way, i.e., analogically. And this is what we said above, that substance and quantity differ in genus, but are the same according to analogy [3].

When applied to the doctrines of God and creation rather than simply to 'being', one is left with the conclusion that God is the only real substance and that all other substances are said to exist only by attribution. Creation exists not in itself, but only by attribution as a kind of 'accident'. However, creation is not an accident of the divine substance; the divine substance is replete and does not require qualification by accidents as a certain kind of thing. In the same way that Aquinas would describe the 'free-floating accidents' of the bread and wine after their consecration at the Eucharist, so too creation becomes (in a very un-Aristotelian fashion) a kind of 'free-floating accident' that somehow shares in the divine substance[4]. So the

3. Thomas Aquinas, *De Principiis Naturae*, VI.34. All translations are from J. Bobik, *Aquinas on Matter and Form and the Elements: A Translation and Interpretation of* De Principiis Naturae *and the* De Mixtione Elementorum *of St. Thomas Aquinas*, Notre Dame, IN., University of Notre Dame Press, 1998, this passage appearing on p.95-96. Bobik uses the following critical text: Saint Thomas Aquinas, *De Principiis Naturae*. Introduction and Critical Text by J. J. Pauson.Textus Philosophici Friburgenses, 2. Fribourg, Société Philosophique, 1950. On the metaphysical implications of analogy, see also J. Milbank and C. Pickstock, *Truth in Aquinas*, London, Routledge, 2001, and R. te Velde, *Aquinas on God: The "Divine Science" of the* Summa Theologiae, Aldershot, Ashgate, 2006, chap. IV, especially p. 97: "In contrast to the recent tendency in the literature to treat analogy merely as an ingenious linguistic device without ontological bearings, I want to argue that analogy, as applied to divine names, is firmly rooted in the metaphysical conception of being as the intelligible aspect under which the world of creatures is positively related to its divine origin."

4. See Aquinas, *Summa Theologiae* 3a.77.1. All references are to the Leonine critical edition: Sancti Thomae Aquinatis, Doctoris Angelici, *Opera omnia* iussu impensa que Leonis XIII P.M. edita. Romae: Ex Typographia Polyglotta S.C. de Propaganda Fide, 1882-. For Aristotle, accidents must inhere in a substance. For example, the accident of the colour 'white' must qualify a substance as white, for example, a white horse. For Aquinas, the accidents of the bread and wine at the Eucharist after the consecration (their shape and colour, for example) cannot *qualify* the substance of Christ's body and blood in the same way that, for example, my hair colour and height qualify me as brown-haired and 6 feet tall. This is because Christ's body and blood are replete and do not require qualification as 'this' or 'that' particular instance of

notion that creation is 'radically accidental', but is not an accident of the divine substance, reflects the metaphysical structure of Aquinas's description of Eucharistic transubstantiation. The gift of Christ's self in the Eucharist – the descent to the mere 'dead' things of bread and wine to render them the bread of life and the cup of salvation – is a recapitulation of the descent of God himself in creation. This second Eucharistic descent is ordered to the sustenance in life and reality of that which, in relation to God, is radically accidental.

However, this presents us with a problem. If only God truly exists in himself and creation does not exist in itself but only by attribution, are we not on the way to pantheism, namely the view that the only reality is God? At this point, recent expositors of Aquinas point to the importance of the metaphysics of participation in the Neoplatonic-Aristotelian synthesis of the high Middle Ages. It is claimed that there are still substantial entities in creation, but only insofar as they participate in the gratuity of God's gift of being. God bestows upon creation a finite participation in his own substantiality[5]. In other words, creation does not have an existence by virtue of itself, but only and always because of the gratuity of God. The radical implication of this view of participation is that creation has no autonomous existence. Creation does not stand alongside God as another focus of being or existence, neither does it lie 'outside' God. When God creates, there is not one thing and then suddenly lots and lots of other things. John Milbank and Catherine Pickstock put it thus:

> Creatures, for Aquinas, beneath the level of patterns of granted relative necessity and subsistence, are radically accidental. But not thereby, of course, accidents of the divine substance: rather they subsist by participation in this substance[6].

By divine gratuity, creation is granted an 'improper' participation in God's substantiality. It is 'improper' in the sense that it is not proper to creation *qua* creation for this would imply that creation stands in its own

some general type of thing. So Aquinas moves beyond the Aristotelian understanding of accidents and introduces the strange notion of 'free-floating' accidents which are sustained by divine gratuity without qualifying divine substance or inhering in a created substance. See S. Oliver, "The Eucharist before Nature and Culture", *Modern Theology* 15/3, p. 331-353.

5. See R. te Velde, *Participation and Substantiality in Thomas Aquinas*, Leiden, Brill, 1995.

6. Milbank and Pickstock, *Truth in Aquinas*, London, Routledge, "Radical orthodoxy series", 2001, p. 35.

right. Rather, it is itself a gift of the divine. Existence is analogically attributed to creation only by virtue of its participation in God. But that participation in God is not something which creation claims for itself, as if by its own power it clings to existence. God grants to creation not simply bare existence; that existence is a participation in God's substantiality, but that participation is also a gift of God. There is no *natura pura* to which participation is subsequently added.

However, a corollary of this view of the analogical doctrine of creation and the metaphysics of participation presents a further problem beyond pantheism. All things exist pre-eminently in God as ideas in the divine mind, and creation participates or shares in those ideas[7]. We know things supremely by what might be termed 'ontological elevation', namely by referring particular creatures to their exemplary 'form' in the mind of God. Each creature 'is' only in so far as it participates, by divine gracious donation, in its exemplary form in the mind of God. So if things exist pre-eminently in God, why does God create? Answers to this question in some theology and philosophy have typically referred to God as if he were a wilful subject, this reaching a voluntarist extreme in Scotus's view that God could just as well have created a universe contrary to his own nature (and, if we wish to entertain this notion, who is to say he has not?). In the remainder of this essay, I wish to sketch a tentative answer to the question 'why does God create?' with reference to descent in Nicholas of Cusa's understanding of creation and Christology. 'Descent' is at the core of his thought. Working in Aquinas's Neoplatonic trajectory, Cusa represents both a clear development of Aquinas's doctrine of creation and the last gasp of the mediaeval consensus associated particularly with the work of the Angelic Doctor.

Descent, Creation and Christ

In *De Docta Ignorantia*, Cusa famously taught that God is the 'absolute maximum', exceeding all opposition, even the law of non-contradiction[8]. In God, opposites coincide in unity. For example, God is apparently beyond the Aristotelian distinction of act and potency, for God is what Cusa calls the *possest*, the coincidence of *posse* and *est*, of possibility and

7. Aquinas, *Summa Theologiae* 1a.15.
8. *Doct. Ignor.*, I, 4, 11-12 (HDG, p. 10-11/Hopkins, p. 8-10).

actuality, although he is deploying these terms in a quite unAristotelian way[9]. God is all that it is possible for God to be, and God contains within himself all real possibilities. No creature has realised all that it is possible for it to be, yet somewhat paradoxically that possibility is actual; that actual possibility – the *possest* – is God. God even exceeds the distinction between maximum and minimum, for God encompasses both the maximally great and the maximally small. Thus Cusa diverts us away from thinking of God as absolute maximum in any kind of quantitative sense; God encompasses all that is or could be. In essence, Cusa (following the trajectory traced by Aquinas nearly two hundred years earlier) is claiming that God does not simply lie at the far end of a series of metaphysical spectra such as those between potency and act or motion and rest. This would be to conceive of God in terms that are too univocal with creatures. God is the 'coincidence' of these opposites because he comprehends or 'enfolds' the very spectra themselves.

It is important to realise, however, that Cusa does not teach that God is the coincidence of opposites because he collapses difference into something uniformly monadic. This is *coincidence*, not *annihilation* of opposites. Using mathematical examples, he describes the way in which the concept of infinity – so problematic in the hands of Hellenistic philosophers – encompasses the coincidence of opposites. For example, the infinite line comprehends within itself the incommensurable figures of the circle and the triangle. Take the case of the circle. A curved line will define a circle of a given circumference and radius. The line which would form a circle of *infinite* circumference and radius is at once an infinite linear line; the line and the circle coincide at infinity[10]. This coincidence of opposites reaches its clearest expression in the infinity of the divine.

From the description of God as the absolute maximum and coincidence of opposites, Cusa describes creation as a 'contraction' or 'descent' of that absolute maximum. This contraction concerns the creation of particularity and time. Time's motion, for example, is a 'contraction' of the singular eternity of the absolute maximum. With reference to the metaphor of light and its contraction in the form of colour, Cusa puts the matter this way in *De Dato Patris Luminum* ('The Gift of the Father of Lights'), a short work composed around 1446:

9. *De Poss.* (HDG, p. 3-87/ Hopkins, p. 912-962).

10. *Doct. Ignor.*, I, 13, 35-36 (HDG, p. 25-27/Hopkins, p.20-22).

> And the entire being of color is given through descending light, so that in all colors light is all that which is. It is the nature of light to impart itself purely and out of its own goodness. But although it gives itself purely when it imparts itself, a diversity of colors arises from the diverse descending receptions of it. Colour is not light; rather, it is light received contractedly in the foregoing manner. By means of such a likeness [we see that] as the form of light is related to the form of colors, so God (who is Infinite Light) is related as the Universal Form of being to the forms of created things[11].

The metaphor of creation as descent is prominent throughout this treatise, as it is in Book II of *De Docta Ignorantia*. What is significant about *De Dato* – which is a meditation on James 1.17 ('Every generous act of giving, with every perfect gift, is from above, descending from the Father of lights, with whom there is no variation or shadow due to change') – is that creative descent (kenosis as self-donation) is explicitly connected to the Father's 'making' of the Son who is incarnate, as it were, eternally. What does this mean, and why is it significant?

Following Cusa, we need to begin with the character of creation as the self-donation of God. According to James 1.17, God is the giver of every best gift. This suggests that the best gift is God himself, so God gives his very self in such a way that God and creation are one and the same. We continue along an apparently pantheistic route when Cusa writes,

> Thus, it seems to be the case that God and the creation are the same thing – according to the mode of the Giver *God*, according the mode of the given *the creation*. Accordingly, there would [seem to] be only one thing, and it would receive different names in accordance with the different modes. Hence, this [one] thing would be eternal in accordance with the mode of the Giver, but it would be temporal in accordance with the mode of the given; and it would be both Creator and created, and so on[12].

This looks like a kind of 'modalist' doctrine of creation; there seems to be just one real existent appearing in two guises[13]. However, for Cusa this requires further nuance. There is perhaps an aporia in the notion of creation understood in this way because God apparently must be giver, the gift, and

11. *Dat. Pat*, II,100 (HDG, p. 75/Hopkins, p. 377).

12. *Dat. Pat.*, II, 97 (HDG, p. 72/Hopkins, p. 375).

13. Such an interpretation is present in the secondary literature. See J. Klaus, *Die Methode der cusanischen Philosophie*, Munich, K. Alber, 1969. For a comprehensive rebuttal, see J. Hopkins, *Nicholas of Cusa's Metaphysic of Contraction*, Minneapolis, The Arthur J. Banning Press, 1983.

the recipient. So how does Cusa overcome this difficulty? One possibility is that God is the 'form' of creation and donates being in this way, rather in the way that the form of a tree donates being to a tree's material nature or the soul is the form of the body. However, Cusa qualifies the view – sometimes attributed to Aquinas – that *forma dat esse* ('form gives being') because there cannot be something to which form subsequently adds being. Rather, in every existing thing form *is* the being, "so that the very form which gives being *is* the being which is given to the thing"[14]. God is the Absolute Form of being. From this Absolute or Universal Form is derived, by descent, the forms of particulars in creation. So the gift of creation is not received as it is given – that is, eternally – because the receiving of the gift occurs in a *descending* manner that contracts the eternal gift *in accordance with the finitude of its recipient.* In other words, the infinite is received finitely; the universal singularly; and the absolute, in contracted form[15]. This gift is not the truth of the Giver but *a likeness* of the Giver. Cusa explains this metaphorically with reference to the image of a face in the mirror[16]. The image of the face is received in the mirror not as the face is in itself, but in accordance with the kind of mirror receiving the image. In one mirror the image will be received with great clarity, while in another mirror it may be received dimly or in a distorted fashion. An important aspect of this metaphor is that the image is wholly dependent on the original, but the original is in no way dependent on the image. There is only one Mirror without flaw in whom the image is received precisely as the original in such a way that it *is* the original, namely God himself in the procession of the Son from the Father.

Cusa writes of divine self-donation and out-pouring in creation:

> And since He who worked all things for His own sake is the goal of His own work, He gave *Himself* as perceptible world. Thus the perceptible world exists for His sake, so that the descending reception-of-Him which turns toward perceptible degrees attains His goodness perceptibly and so that Infinite Light gives light to perceptible things perceptibly and, likewise, to vital things vitally, to rational things rationally, to intelligible things intellectually[17].

14. *Dat. Pat.*, II, 98 (HDG, p. 73/Hopkins, p. 376).
15. *Dat. Pat.*, II, 98-99(HDG, p. 72-74/Hopkins, p. 375-376).
16. *Dat. Pat.*, II, 99 (HDG, p. 74/Hopkins, p. 376).
17. *Dat. Pat.*, II, 103 (HDG, p. 77/Hopkins, p. 378).

The point for Cusa is not that 'descent' or 'contraction' involves God 'shrinking' himself and *then* donating himself in creation. Rather, creation is the replete self-gift of God which is *received* in contracted or descending form in accordance with the finite being of the recipient, rather as a red object receives the fullness of light in a contracted or descending visible form as red light. Thus Barth's twentieth century identification of kenosis as a 'self-giving' rather than a 'giving up' resonates more clearly with Cusa's understanding of 'descent' [18].

This 'gift of the Father of Lights' does not, however, subject God to the vicissitudes of creation's change as some models of kenosis would have it, but rather elevates creation to the fullest participation in the absolute maximum, namely God. Every creature strives, in a sense, to a 'finite infinity'. "The situation is as if the world were a changeable god", writes Cusa, "with variation of shadow, and the unchangeable world, without any variation of shadow, were the Eternal God" [19]. Moreover, creation understood as divine self-donation is, for Cusa, theophanic. These theophanies, or shards of the divine, are Christologically defined.

What does Cusa have in mind here? The matter becomes clearer if one reflects on God as Absolute Form and creation as theophany. In the earlier discussion of Aquinas, it was noted that for the Angelic Doctor all things exist pre-eminently in the divine ideas. Here, we find the Forms of things. The question arises, if things exist pre-eminently in God, why create? Also, one might ask whether, in fact, this notion also lends itself to pantheistic interpretation because God is essentially the Form of all created particulars. Their 'being' and 'Absolute (or Universal) Being' seem indistinguishable. Cusa has been interpreted along precisely these lines. However, it is crucial to distinguish the world as it is in God from the world as it descends and is received in its own being. It is not the case, as some have claimed for Cusa's thought, that God is the form of created particulars such as the sun. Rather, God is the Form of forms, and the Universal Being of beings [20]. The forms of particular things participate in the Universal Form of the divine. So, as Jasper Hopkins puts it, in a sense one cannot deny that 'God is the sun' because the form of the visible sun participates in God, the

18. K. Barth, *Church Dogmatics* IV.1, trans. G. W. Bromiley, Edinburgh, T&T Clark, 1992, chap. XIV, §59, p. 183-184.

19. *Dat. Pat.*, III, 106-107 (HDG, p. 78-79/Hopkins, p. 379-380).

20. *Dat. Pat.*, II, 98 (HDG, p. 73/Hopkins, p. 376).

Universal Form[21]. However, one should deny that God is the visible sun. All things are God insofar as they are *enfolded* in Him, for they are comprehended in God's eternity. As creation is visibly *unfolded* from the divine to receive its being in its own finite manner, all things are not God, even though God is nevertheless present with an irreducible intimacy.

The 'descent' of theophanic creation is not, however, simply a matter of divine wilful action or a matter of caprice. It must be emphasised that it is, for Cusa, Christological and bound to the eternal Word. Creation is a manifestation of God according to, and governed by, *the* Manifestation, namely 'the Word of Truth' which is 'Absolute Reason, or Absolute Art'[22]. He writes,

> But every creature is a disclosing of the Father and participates diversely and contractedly in the Son's disclosing [of Him]. Some creatures disclose Him more dimly, others more clearly – in accordance with a diversity of theophanies, or manifestations of God[23].

There seem to be two theophanies of God: the Word, which is eternal and maximal, and creation, which is temporal and contracted. Yet for Cusa there is no 'dualism'; there is really only one theophany of God which is the Word. In creation we find a descending theophany that is the receipt, in contracted, temporal form, of the Father's self-gift which is first, and eternally, the begetting of the Son. Thus every creature participates in the Son's disclosing of the Father. What is comprehended in the eternal begetting of the Word is creation itself, and thus for Cusa the Word 'enfolds' creation and creation 'unfolds' the Word in time. However, it is not simply the Word through whom all things are made; it is the Word incarnate. In Book III of *De Docta Ignorantia* he writes:

> ...through the assumed humanity, God would, in the humanity, be all things contractedly, just as God is the equality of being all things absolutely. Because this human being would, by the union, exist in the maximum equality of being, this human would be the Son of God, just as this human would be the Word, in whom all things have been made, and the equality of being...is called Son of God[24].

21. J. Hopkins, *Nicholas of Cusa's Metaphysic of Contraction*, *op. cit.*, p. 51.
22. *Dat. Pat.*, IV, 110 (HDG, p. 80/Hopkins, p. 381).
23. *Dat. Pat.*, IV, 111 (HDG, p. 81/Hopkins, p. 382).
24. *Doct. Ignor.*, III, 3, 200 (HDG, p. 128/Hopkins, p.120).

This represents a crucial aspect of Cusa's Christology and it requires some explanation. The universe is what Cusa calls a 'contracted maximum', for the universe is the totality of all that is received in 'descended' or 'contracted' form from the Father of lights. However, the universe represents this maximum in the form of *plurality* or *multiplicity*, from the lowest to the highest creature in the cosmic hierarchy. What could unite this plurality so as to reveal creation as a theophany of God? Is there a single nature that encapsulates or 'enfolds' the whole multiplicity of creation? Cusa follows the ancient and mediaeval tradition of identifying human nature as a microcosm of creation. Humanity, in being both material and intellectual, contains within itself aspects of every created nature, from angelic intellectual natures to inanimate objects. Humanity stands at the heart of the cosmos. A maximal or perfect human nature will therefore comprehend *perfectly* the whole of creation. For Cusa, such a human nature, which he terms a 'contracted maximum', is united to Absolute Maximality (namely, God) in the hypostatic union. This is not a 'coincidence of opposites', but a union of the divine and human, the Absolute Maximum and the contracted maximum. In the incarnation, God does not 'contract' himself to fit divinity into human nature as some models of kenosis suggest, for divine nature *cannot* be contracted. Rather, God assumes to himself human nature in such a way that the incarnation involves a 'taking up' rather than a 'letting go'.

The importance of the union of divine and human natures lies in the notion that the human comprehends or enfolds the whole creation because humanity stands at the heart of the cosmic hierarchy. By assuming such a human nature, God thereby reveals through a contracted and therefore temporal nature that the Word comprehends or enfolds all things eternally *and* temporally. The incarnation in the life, death and resurrection of Christ is therefore one aspect – the supremely revelatory and salvific aspect – of a theophanic and Christoform creation. Creation is always already the union of the Absolute Form with particular forms and the Word's eternal enfolding of creation. This is revealed in the maximal and singular union of the divine and human in Jesus. We might even say that the universe was created so that God might become incarnate, revealing creation as a descent from the Father of lights which is itself a participation in the eternal begetting of the Son. The question then remains, how does one understand these eternal and temporal theophanies? The latter – the contracted descent from the Father of lights – can only reveal or point to the eternal theophany of God in the Son. There is a sense, therefore, in which the Incarnation, which is the union of the Word with all created possibility (the *possest*), is an "eternal Incarnation". The Incarnation that we witness in Jesus of Nazareth is the descent of the eternal 'Incarnation' of the Word that eternally enfolds all created possibilities. This is expressed in Cusa's reflection on Colossians 1.15-17: Christ is the image of the invisible God, the first born of all creation, for in him all things were created and hold together. 'But', writes Cusa,

> this order should not be regarded in a temporal way as if God had temporally preceded the first-born of creation or as if the first-born, God and human, had preceded the world temporally. Rather, the first-born preceded it in nature and in the order of perfection above all time, so that, existing with God above time and before all things, the first-born appeared in the world in the fullness of time after many ages had come and gone[25].

This again reflects the importance of the metaphysical description of the advent of the Eucharistic Christ as a recapitulation of the metaphysical description of creation as a free-floating accident sustained by divine grace. Creation is Christoform, understood in terms of the contracted descent of the eternal into time. This is made manifest most clearly in the Incarnation but now also in the Eucharistic 'incarnation' whereby bread and wine are, by grace, brought to full theophany as free-floating accidents sustained in the donation of the body and blood of Christ. Just as the Incarnation in Jesus Christ makes manifest creation itself as a theophany of God, so too the Eucharistic presence of Christ continues to indicate that the whole of creation is an image of the absolute maximum, of God. Why? Because Christ is received in the Eucharist in a descending manner, as *this particular* celebration of the liturgy which unfolds, in time, the eternal comprehension of creation within the Word. As Albertson suggests[26], it is not so much that creation *enfolds* incarnation (that is, creation merely provides a locus for Incarnation which then occurs as a discrete event *after* creation), but that creation *unfolds* Incarnation. In other words, creation reveals through temporal succession what is comprehended in the unity of the eternal: the infinite gratuity and love of God in the form of self-donation. Creation mysteriously adds to, or 'unfolds', the divine.

25. *Doct. Ignor.*, III, 3, 202 (HDG, p. 129/Hopkins, p. 121).

26. D. Albertson, "That He Might Fill All Things: Creation and Christology in Two Treatises by Nicholas of Cusa", *International Journal of Systematic Theology*, 8/2, 2006, p. 184-205, here p. 203.

RECEIVING CHRIST, THE GIFT OF THE FATHER OF LIGHTS

The language of 'descent', reminiscent of the tradition of kenotic Christology that finds its clearest Biblical expression in Philippians 2, can be misleading. It could be understood to mean that God himself descends in Christ in the sense that the second person of the Trinity lays aside certain attributes and descends to the earth before retrieving those attributes at the ascension. In Cusan terms, one might suggest that God himself is 'contracted' to take human form. If creation were understood as a divine descent in this sense, then we would certainly arrive at a kind of pantheism.

However, Cusa's interpretation of James 1.17 and the gift of the Father of lights is much more sophisticated. Indeed, it could be said that if the gift is God himself, and the gift descends from above, then God himself descends. Yet in God there is 'no variation or shadow due to change'. So for Cusa, descent indicates the manner in which the divine gift is *received.* The gift of the Father of lights is received in descending fashion and the incarnation reveals creation as a theophany of God that participates in God's eternal manifestation in the begetting of the Son from the Father.

How might this help us to understand the theme of descent? Descent might be understood as reminiscent principally (or only) of degradation, or of God's affinity with the suffering and the dead. However, the theme of Christ's descent is much more all-encompassing. The whole of Christ's earthly ministry as witnessed in the Gospels is understood as 'descent'. So could it be that Christ is a gift that is received in descending form? To receive in descending form is to receive temporally or in sacramental, Eucharistic form. Moreover, to receive Christ in such a fashion is to receive the 'contracted maximum', the fullness of human nature joined to the divine Son who comprehends all of creation and reveals creation as an endless series of theophanies of God.

In the first chapter, John explicitly links faith with the reception of the gift of Christ: "But to all who received him, who believed in his name, he gave power to become children of God..." (John 1.12). The reception of the gift of Christ is in the form of faith whereby we become children of God. That gift is, following Cusa, received in descending form. This is not to suggest that God somehow squeezes divine being into created human nature, but that descent also implies the *ascent* of the all-encompassing and maximal human nature of Jesus of Nazareth to the Son in a hypostatic union. To focus on the descent of Christ in his baptism or the descent of Holy Saturday can only be to point to the more general and crucial Christological theme that the gift of Christ – begotten eternally of the Father of lights – is offered to the whole of creation, the living and the dead, and across all time in such a way that the descending receipt of such a gift might inaugurate an ascent of creation to its divine origin.

The Incarnation for Cusa is mysteriously eternal and creation is the temporal or descending unfolding of Incarnation. This is revealed in the singular hypostatic union in the person of Jesus who enfolds creation. This indicates that descent is not some kind of unfortunate necessity occasioned by human sin and suffering, but is the character of the receipt of the divine gift of being. It indicates that creation is theophanic and revelatory, and thereby counters the modern notion of revelation as a bounded piece of information that erases reason. Rather, Christ arrives so as to reveal the theophanic nature of creation, and by means of a new light to intensify creation's (and therefore reason's) theophanic character. At one and the same time, for Cusa descent betokens our ascent in such a way that, realising that we are *not* God, we immediately ascend to share *in* God as children of the Father of lights.

Conclusion

The analogical understanding of creation combined with the metaphysics of participation carries with it the threat of pantheism. For Aquinas, the notion that only God exists is avoided by virtue of the distinction between participant (creation) and that which is participated (God). However, this difference between God and creation is not like the difference between two creatures. The difference between creatures is established by virtue of the creatures themselves, for example by means of their material individuality. The difference between God and creation does not belong to God *and* creation. That difference is itself a gift of the divine; God alone established creation's otherness as the gift of creation's own substantiality. In other words, creation's integrity as 'other than God' does not belong to creation *qua* creation; it is a gift of God that is therefore creation's improper participation in the divine.

For Cusa, the difference between God and creation is marked by the *manner* in which creation receives itself. Created being is not received as it is given, namely eternally. Rather it is received in a contracted and descending manner which is a reflection of, or participation in, the Son's eternal receipt of himself from the Father, and the Son's reciprocal return of himself to the Father. Yet Cusa is clear that what creation receives is nothing other than God himself in such a way that creation is always a temporal theophany of the divine which is an image of the Son's eternal imaging of the Father: God gave Himself, and only Himself, as perceptible world[27]. Yet a problem remains latent within Aquinas's Neoplatonic metaphysics of the divine ideas: why did God create if creation exists in exemplary, eternal fashion in the divine ideas? In speculative fashion, we can propose an answer to this question by extending Aquinas's view of the incarnation as a matter of *convenientia* to include creation also as a matter of *convenientia*. Introducing Cusa into this discussion helps to connect creation and Incarnation so that a more complete metaphysics emerges.

In discussing why God became incarnate in Christ, Aquinas avoids two extremes. On the one hand, he is clear that God's Incarnation is not a matter of necessity. God could have given the gift of salvation by virtue of his *potential absoluta* in such a way that the Incarnation is not a matter of compulsion. On the other hand, Aquinas wants to avoid the view that the Incarnation is a matter of pure caprice, as if it were just one amongst a series of possible divine actions which would deliver salvation. Avoiding both necessity and caprice, Aquinas describes the Incarnation through the category of *convenientia*, as the most 'fitting' or 'appropriate' means of divine salvific action[28]. In other words, this is an aesthetic understanding of God's action in Christ. It is fitting in terms of humanity's need to receive God's gift in fulsome fashion through *knowledge* of that gift, so God's action in history makes him known to temporal and finite creatures. The Incarnation is also fitting as the economic expression of the eternal procession of the Son from the Father.

Could God's creation, as well as the Incarnation, be described aesthetically as a matter of *convenientia*, of fittingness? The doctrine of creation *ex nihilo* suggests that creation is a matter of pure divine gratuity that has no reason. Contrary to the Neoplatonic emanationist view of creation, it is not a matter of necessity. Whilst Aquinas titles his principal consideration of creation *de modo emanationis rerum a primo principio*[29], he is clear that creation can only be a perfectly free action of God. However, like the incarnation it cannot be a matter of caprice. It must be fitting in relation to the divine nature, which is why the questions on the procession of creatures from God (1a.44-45) immediately follow the

27. *Dat. Pat.*, II, 103 (HDG, p. 77/Hopkins, p. 378).

28. Aquinas, *Summa Theologiae* 3a.1 and 3a.2. See also Milbank and Pickstock, *Truth in Aquinas*, *op. cit.*, p. 60.

29. Aquinas, *Summa Theologiae* 1a.45.1.

questions on the eternal Trinitarian processions of the divine persons (1a.27-43) in the *Prima Pars* of the *Summa Theologiae*. Creation as an 'emanation' from the first principle is an image of the eternal emanation of the persons of the Trinity.

Working in this Thomist trajectory, Cusa links more explicitly the *convenientia* of creation with the *convenientia* of the Incarnation. Creation is a receipt, in descending fashion, of that which is received eternally in the Son. Yet the Son eternally enfolds all created possibilities, so the unfolding of creation carries with it the unfolding of the Son's relation to creation; this ultimately takes the form of the Incarnation. In the Incarnation, God reveals through a contracted and temporal nature that the Word comprehends or enfolds all things both eternally and temporally. Creation is always already the union of the Absolute Form with particular forms and the Word's eternal enfolding of creation. This is revealed in the maximal and singular union of divine and human natures in Christ. We might indeed claim that the universe was created so that God might become incarnate, revealing creation as a descent from the Father of lights which is itself a participation in the eternal begetting of the Word and the Word's enfolding of all things. The Incarnation is not, therefore, *primarily* a function of soteriology; it is first a function of the doctrine of creation understood analogically. For Cusa, God creates in order to be incarnate, but the Incarnation is fitting not simply because it is the most appropriate way of rendering salvation to humanity, but because the Incarnation in history has its principal analogue in the Son's 'eternal Incarnation', namely the enfolding of all created possibilities which are unfolded in a descending fashion in both creation and Incarnation[30]. This is to say that creation and incarnation both find their metaphysical logic within Cusa's *possest*, the coincidence of the opposites of actuality and potentiality that is made manifest in Christ's hypostatic union of the divine and human. For Cusa, there is an important sense in which God creates in order to become incarnate, but this is only plausible because the Incarnation is not principally a function of human sin, but is first a matter of creation that is also a matter of Christology, the alpha and the omega.

30. Aquinas himself is ambivalent concerning the counterfactual question "if humanity had not sinned, would God have become incarnate?" See *Summa Theologiae* 3a.1.3.

MATHESIS AND *METHEXIS*: THE POST-NOMINALIST REALISM OF NICHOLAS OF CUSA

JOHN MILBANK

I

Orthodox Catholic belief in the High Middle Ages tried to sustain a difficult tension. The finite world, as created by God and participating in his nature, was at once of cherishable value for itself, and yet of ultimate value only for what it signified. This balance was culturally threatened from both sides: on the one hand there were supposed heretics like Amalric of Bena and David of Dinant, apparently inclining towards a pantheism which tended to affirm this world itself as ultimate, with a consequent slide towards a fatalistic antinomianism. On the other hand there were more numerous heretics of an opposite stripe: the Cathars who regarded this world as the production of a malign deity.

Yet in more insidious ways this balance was often undermined from within. The West on the whole lacked the Eastern Christian stress upon the mediation of divine revelation through corporeal theophanies[1]. Meanwhile, on its other border philosophical Islam could exert a subtle pressure towards spiritualisation. Even the Islamic notion of a third, more accurate and decisive revelation of God found a semi-echo in the writings of Joachim of Fiore and still more in their construal by spiritual Franciscans

1. This was despite a widespread interest in the noetically theophanic, often gleaned from Dionysius the Areopagite. See O. Boulnois, *Au-delà de l'image. Une archéologie du visuel au Moyen Âge V^e-XVe siècles*, Paris, Seuil, 2008.

like Peter John Olivi, some of whom were not incapable of expressing a certain sympathy for the Cathar *perfecti*[2].

In the case of spiritual Franciscanism (whose Joachite views were half-echoed even by the orthodox Franciscans like Bonaventure)[3], one can locate the paradox of a 'this worldly spiritualisation', which is arguably the parent of all modern utopianisms. On the one hand they exhibit a tendency, in contrast to mainstream Augustinian caution, to interpret current and near-future events in the light of apocalyptic Biblical prophecies. On the other hand, this bent towards the future is not, as one might expect, equally a bent towards the material and the sacramental, but rather away from it. For their thesis is that the historical is becoming more etherialised, that finitude is increasingly evacuating itself, in favour of the pure interior life of the spirit. Along with the imagistic, the geographical and the geo-political dimension of Christianity is thereby denied, and the possibility of dwelling on the earth without measurable boundaries or ownership, in a state of pure indifferent, temporal usage, or 'apostolic poverty' is affirmed. If this vision still appears to many to be seductively hyper-Christian, then one has to note, that, to the contrary, it tended to confine the significance of the Incarnation to a past epoch and to half lose the sense that Christ was a divine person. For instead of the mediation of a miraculously divine-human perfection through all the imperfect interstices of corporate life, it tended to substitute a vaunted individual human perfection in an almost 'animal' exterior that was yet the precondition for pure spiritual dispossession, in the wake of the *alter Christus*[4]. The equivalent to a semi-Nestorian Christ was a humanity divinised in a new sense, not of dynamic theophanic transfiguration, but of a perfectly bestowed indwelling of the

2. See A. A. Davenport, *Measure of a Different Greatness; The Intensive Infinite, 1250-1650*, Leiden, Brill, 1999, p. 165-239.

3. See J. Ratzinger, *The Theology of History in St Bonaventure*, Chicago Ill., Franciscan Herald Press, 1989.

4. For this perspective on St Francis as thereby, along with Frederick II (!) "the first modern", see E. Voegelin, *History of Political Ideas, Volume II, The Middle Ages to Aquinas*, Columbia Miss., Missouri UP, 1997, p. 135-143. For the self-identification of some Franciscan spirituals with animals, see G. Agamben, *De la très haute pauvreté: Règles et forme de vie* [*Homo Sacer* IV 1], p. 123-195. But Agamben's attempts to smooth over the evidence that dispossession and aculturisation flipped over, within Franciscan logic itself (as with Ockham), into theories of pure ownership without responsibility and a reduction of human, besides natural norms to arbitrary convention, do not convince. On the heels of a this-wordly world rejection, stalks inevitably the debased mode of the 'Anglo-Saxon'.

divine light by 'donation of form'[5]. Just as much, or even precisely to the degree that this was a recommendation of voluntarily embraced poverty – as if usage without some habitual appropriation were really existentially possible – it was also a spiritually elitist vision. And it was denounced as such in the name of the working poor who cannot indulge in the luxury of despising matter, and cannot afford poverty, though they may still aspire to *caritas*, by the English alliterative poet, William Langland, in his long poem *Piers Plowman*[6].

These points might lead one to suppose that Franciscan and related theological currents placed a great gulf between the quantifiable and the spiritual. But such is exactly the opposite of what proved, historically, to be the case. For while these currents tended to denigrate quantitative extension, they made quantitative *intension* central to their theology and their metaphysics. Broadly speaking, this was the consequence of an outlook that regarded with increasing degrees of suspicion the notion that the world reflects intrinsic attributes of the divine nature: its ontic features are rather simply as God has obscurely ordained them to be, and in consequence they do not necessarily possess any sacramental significance for the spiritual life. As a result, the entire notion of an *ascensus* from this world by degrees of negation and positive remotion of sense to God as its emanating source, also came under suspicion. The most that could be known of God by reason was now that he must be infinite and absolutely willing; otherwise knowledge of him depended upon the revealed declaration of his will[7].

These leanings had a consequence for how Augustine's and Dionysius's teachings about the nature of *perfection* were interpreted. Augustine had spoken in his *De Quantitate Animae* of an 'intensive quantity' (*quantitas virtutis*) that is not a quantity of bulk or amount (*quantitas molis*) but rather a degree of a vaguer attribute like heat, or speed, or symmetry or

5. For Franciscan Christology see A. Riches, "Christology and the Scotist Rupture", *Theological Research*, Vol. I, 2013, p. 31-63; for the donation of forms see O. Boulnois, *Métaphysiques rebelles*, Paris, P.U.F., 2013, p. 165-188; for its critique by Albert the Great, see A. de Libera, *Métaphysique et noétique*, Paris, Vrin, 2005, p. 159-166.

6. See D. Aers, *Sanctifying Signs: Making Christian Tradition in Medieval England*, Notre Dame, IN., Notre Dame UP, 2004.

7. For the condemnations of 1270-1277 and their aftermath, see E. Gilson, *History of Christian Philosophy in the Middle Ages*, London, Sheed and Ward, 1955, p. 402-410 and the important corrections of historical perspective made by A. de Libera, *Raison et Foi*, Paris, Seuil, 2003, p. 191-230.

goodness[8]. In his case, as in that of Aquinas, while it is admitted that intensive or virtual quantity hovers between quantity and quality, the bias went towards quality: thus to climb the scale of goodness is to jump from one level to other incommensurable ones. A corollary of this view is that goodness in general is only measured from the top of the scale, in terms of decreasing degrees of participation in an ineffable, unknown divine goodness. A further corollary, as with Dionysius, is that infinite goodness is defined negatively as the in-finite, as an unbounded and therefore unknown goodness assumed however to be formally good in a super-eminent sense – since 'form' normally implies a bound.

Once, however, the stress in theology is less upon a mystical metaphysics of participation and instead dualistically upon the conclusions of a minimalist logical reason on the one hand, and the reception of the revealed divine will on the other, then there will be a new yearning to know God as something positive, definite and absolutely reliable. Accordingly, the Franciscans, beginning with Bonaventure, started to define God as positively infinite, in a way that rendered this attribute his key defining property[9]. Inversely, but equivalently, perfection terms began to be confined to the meanings that they have in our finite experience of something ineluctably 'given' and fully knowable, or even explicable with suspension of any affirmation as to its causal source, or imputed character as 'gift'. This implied that while, indeed, God may reveal himself to be infinite goodness and so forth, all this can indicate is an absolute augmentation of goodness in its given and now univocal meaning. God therefore becomes the summit of a qualititative intensity, newly quantified[10]. In this way 'intensive quantity' starts to get re-interpreted with an opposite bias towards the sheerly quantitative, and even outright qualitative change to be thought of in terms of quantitative *intensio* (increase) and *remissio* (decrease) according to a *latitudo formarum*[11]. Just for this reason the Franciscans, and those sharing their typical theological outlook, were happy to speak of God as 'intensively infinite' where Aquinas had apophatically avoided the notion[12].

8. Augustine, *De Quantitate Animae*, 8-11, 22.

9. Bonaventure, *In Sent* I d. 3 a. unicus, q. 2, concl.

10. *Loc.cit.*

11. See J. Kaye, *Economy and Nature in the Fourteenth Century: Money, Market Exchange and the Emergence of Scientific Thought*, Cambridge, CUP, 1998, p. 175-192.

12. Davenport, *Measure*, *op. cit.*, p. 50-88.

As a consequence, yet in the ironic name of the absolute divine distance, the ontological difference between Creator and created tends to get flattened out into a single plane of consideration that is at once logical and metaphysical, since it is 'transcendentally' concerned with the sheerly 'given' and not immediately with the causal[13]. Yet if the qualitatively differential height of God has been through this perspective disparaged, then equally, one might argue, the radical finitude of the quantitively bounded is also disparaged and displaced onto the new, intensive continuum. For Aquinas had insisted that Aristotle's (still, one might note, 'Pythagorean') comparison of substances to numbers favoured the cardinal and not the ordinal aspect of numerality: it intended to stress the absolute fixity of substance and the irrelevance to substance, genus and species of 'intension and remission' or increase and decrease in amount[14]. This went along with his denial, against Avicenna, of any independent, discrete state of formality in the condition of essence *ante rem:* this was rather (as more emphatically stated by his teacher Albert) an indetermniate belonging to the general participatory flux of being from God. Thus 'whiteness' in itself, like 'animality' or 'humanity' is indeterminate[15]. However, after Aquinas, the lay clerical theologian Henry of Ghent, within a more Avicennian trajectory admits a discretion of form *ante rem* and this permits him to see, not a mere indeterminacy, but a specific latency of intensive or remissive degree as pre-contained within the form itself[16].

While not quite rejecting the indeterminate fixity of substance, the Franciscan theologian Duns Scotus, also in the wake of Avicenna, compromised the integrity and simplicity of substance by speaking of a plurality of forms within it, and a latent insistence of slumbering subordinate *morphē* whose activation to increased intensity by the absolute power of God could theoretically result in an alteration of substantial nature[17].

Thus it appears not incorrect to speak of a Franciscan 'virtual middle' that simultaneously despises boundaries, including those of private property, and yet at the same time quantifies spirit as if there were a kind of heavenly bureaucratic administration of what is supposed to be ethereally in common. The effect of the latter metaphysical move is to substitute

13. See O. Boulnois, *Métaphysiques*, *op. cit.*, p. 261-311.

14. See A.A. Davenport, *Measure*, *op. cit.*, p. 50-88.

15. Thomas Aquinas, *SCG* 1. 43. esp. [5]; 51 [3]; *De Ente et Essentia*, 3 [1-20]. And see A. de Libera, *La querelle des universaux*, Paris, Seuil, 1996, p. 262-283.

16. Henry of Ghent, *Quodlibet* 5, q. 19.

17. A.A. Davenport, *Measure*, *op.cit.*, p. 240-306.

a *mathesis* for *methexis*. Thus instead of the idea that ontological levels participate in higher levels to which they are analogously at once like and unlike, Duns Scotus starts to speak of the chain of being in terms of degrees of *quanta* of univocally shared existence and other transcendental perfections[18].

The long term consequence of this shift is that modern Western thought will tend *either* to claim in some sense positively to know the infinite and to deduce the finite from the infinite (as with Descartes and Spinoza) or else it will confine our knowledge of perfections to what we can know of their finite sway and will accordingly, with Kant, complete the Scotist process of redefining the given 'transcendental', now taken in abstraction from causal transcendent origin, as marking out regions of our cognitive awareness and not necessarily of reality[19]. *Mathesis* substituted for *Methexis* therefore has an innate tendency to bifurcate towards either infinitism or finitism – indeed, as Alain Badiou's critique of Wittgenstein and Quentin Meillassoux's naturalistic questioning of the finitism of the epistemological attitude suggest, we still remain in the moment of this oscillation[20].

But in Catholic Christian terms this can often mean that finitude is either under or over valued and, in turn, in two opposite ways, in either case. For finitism may overvalue the finite or else disparage it as merely phenomenal, while infinitism may over-embrace matter as itself the infinite, or else refuse it in the name of a Gnostic acosmism. In all these cases a Catholic balance, which is arguably the balance of a measured human existence, is lost: without the idea of an ineffable proportion of the finite to a negatively known in-finite we cannot embrace the material world sacramentally as the conduit of an ever deepened and transformed spiritual attention that respects the world while yet exceeding it.

18. Duns Scotus, *Quodlibetal Question* 5, esp. 6 and 56.

19. See L. Honnefelder, *La métaphysique comme science transcendentale*, trans. from the original German by I. Mandrella, Paris, P.U.F., 2002.

20. A. Badiou, *L'antiphilosophie de Wittgenstein*, Caen, Nous, 2009; Q. Meillassoux, *Après la Finitude*, Paris, Seuil, 2006.

II

What is the relevance of all this to Nicholas of Cusa? In the first place, he has often been read as hovering at a transition point between medieval *methexis* and modern *mathesis*. As 'anticipating' the positive infinity of the universe or a positive mathematical infinity, or the calculus and Universal Characteristic of Leibniz. But to read him this way might be not to allow for his unique coherence, and for the possibility that he managed to salvage the Catholic, participatory tradition in a new way that did some justice to the legitimate concerns and intuitions of an emerging modernity. So instead of appearing before us a fascinatingly 'transitional' figure, he might rather appear before us a 'way not taken', or taken after him only sporadically, and as a way that still lies open to us now[21].

The most obviously novel thing about Cusa is that he did not seek simply to reinstate *methexis* instead of *mathesis*. Rather, he reads even the most abstract *mathesis*, namely mathematics itself, in terms of *methexis*. Why should he have undertaken such a strategy? The first thing to recall here is that, of course, from the outset in Plato, and then in neoplatonic tradition, these two things were intimately connected. Participation is for the latter in the *One*, while for the former mathematical entities are our best paradigm for spiritual ones. And for both numbers are seen as real, though 'thin' spiritual entities, exemplifying as whole integers a numerically transcendental 'one' and mediating between the physical world of embodied form and the final 'substantive' height of the ineffable forms (ultimately with the One/Good for neoplatonism) which are in a sense like the unknown 'numbers' of actual dense reality. Even in the case of Aristotle, and then later Boethius and Aquinas, number as abstractable form still mediated in this way and so between the three philosophic disciplines of physics, mathematics and metaphysics[22].

In a sense then, Nicholas is simply trying to reoccupy what he feels should properly be Platonic territory. His concern is certainly not to go along with a Franciscan and nominalist shifting of all ontic realities towards the status of *quanta*, as just described, because he considers that

21. M. de Gandillac had inklings of such an approach. But for its finest opening up so far, see J. Hoff, *Kontingenz, Berührung, Überschreitung: Zur philosophischen Propädeutik christlicher Mystik nach Nikolaus von Kues*, Freiburg/Munich, Karl Alber, 2007 and *The Analogical Turn: Rethinking Modernity with Nicholas of Cusa*, Grand Rapids Mich., Eerdmans, 2013.

22. O. Boulnois, *Métaphysiques*, *op. cit.*, p. 196-200.

'number' concerns far more than quantity, and thereby intends to sustain a pre-Scotist and pre-nominalist thinking of quantity 'upwards' in qualitative terms, rather than of quality 'downwards' in quantitative terms. This includes, in his case, a continuing pre-algebraic bias towards whole arithmetic integers in the normal positive number line, and regular geometric shapes as more 'real' than their variants (the latter being regarded as parasitic upon them), a refusal of a 'Franciscan' positive infinity and a continued denial that zero is a number[23].

In keeping with this traditional (ultimately Pythagorean-Platonic) mathematical legacy, and unlike the Terminists, Nicholas explicitly deploys mathematical examples as 'symbols' or 'metaphors' to enable mystical contemplation[24]. Fundamentally what matters to him is to show that ontological reality possesses a participatory structure governed by the ineffable metaphysical numbers and measures of the creating Triune God[25]. For this reason he clearly does not already embrace the later full Pythagoreanism (or perhaps 'Pythagoreanism') of a Galileo, for whom *our* numbers are the numbers ingredient in divinely created reality.

However, part of what is novel in Cusanus is the lengths he goes in order to restore the idea that one can only comprehend mathematics itself in terms of a participatory ontology. He surely does this to some extent because, if he is right, then any attempt to 'mathematicise' metaphysics in the wake of Avicenna[26] and the Franciscan tradition can be shown to be vain precisely at its point of apparent methodological security from the outset. Thus his paradoxes of geometry are intended to demonstrate that one figure can only be grasped as a tendency towards a qualitatively different other which it will never reach, like curves towards straight lines,

23. See J. Hoff, *Kontingenz, op. cit.*, p. 301-309.

24. *Doct. Ignor.*, I, 11, 30-32 (HDG, p. 22-23).

25. *Doct. Ignor.*, I, 19-20, 55-62 (HDG, p. 37-42).

26. It is notable that Aquinas attacks Avicenna's notion that being is an accident on the ground that the Iranian philosopher has confused transcendental with numerical unity: the former belongs always intrinsically to any *quid* as *quid;* the latter is accidentally added to quidditative essence – as, one might illustrate, in the contrast of a single pea with a whole pod of them. Thomas contends that Avicenna is thinking of *esse* on analogy with *unum* in this second sense, and so mistakenly supposes that it can arrive to an essence from the outside as if being and essence were formally separable components that can in some sense exist apart from each other. He makes it clear that by his own 'real distinction' he does not imply any such separability. See *In Metaph* L 2:C 556-560.

while bounded material shapes and numbers can only be defined as 'participations' in extensionless entities to which they are never equal[27].

So one might describe Nicholas's strategy in one respect as saying to his implicit opponents 'look, even in this case'. There are two other respects in which I think that that verdict also applies. First, Cusa thinks that the Creation is held together through *proportio*, by which he means something like attributive analogy, that cannot be reduced to any precise ratio or measure. Secondly, he thinks that this involves real relations of some things to others, and again he thinks that this requires the real existence of universals, since hierarchical levels are formed by the relational 'ascent' of the particular towards the abstractedly general, and inversely and simultaneously the descent of the general towards the particular. He does not deny the reality of the basic Aristotelian ontological category of substance, nor Aristotle's other nine categories, even though he greatly enhances the primacy of relation and newly affirms the priority of the individual over the general, such that the distance between any two particulars is said infinitely to exceed the merely finite scale of specific and generic distance: no two things are so similar that they could not be infinitely more similar[28]. Yet in both cases he is somewhat anticipated by Aquinas himself, even if he takes things further[29]. And his elevation of the particular is distinguished from nominalism precisely by the claims that genera and species (as symbolised by mathematical constants) along with the cosmic whole, as well as individuals are indefinitely 'explicated'. Thus: 'the universe is, as it were, all of the ten categories, then the genera and then the species. And so, these are universals according to their respective degrees; they exist by degrees and prior, by a certain order of nature, to the thing which actually contracts them. And since the universe is contracted, it is not found except as unfolded in genera; and genera are found only in species. But individuals exist actually; in them all things exist

27. *Doct. Ignor.*, I, 13-15 (HDG, p. 25-30).

28. *Doct. Ignor.*, I, 3, 9 (HDG, p. 8-9). And see K. Flasch, *Introduction à la philosophie médiévale*, trans. from the original German by Jeanne de Bourgknecht, Paris, Flammarion, 1987, p. 208-223 for a good brief account of Cusa's argument about the Aristotelian categories with Jean Wenck.

29. For the new ontological primacy sometimes given by Aquinas to degrees of substantively constitutive emanative relation, see *SCG*, 4.11 and *Compendium*, I. 52. On the primacy of difference see *ST* I.50.4 ad 1: "[...] the determined is more noble than the undetermined, and the proper than the common."

contractedly'[30]. Nicholas goes on to say that he agrees with the 'Peripatetics' that no 'universals' exist independently of things. There are then for him no Avicennian *ante rem* independent forms. Nevertheless, there is 'a certain universal being which is contractible by the particular', by analogy with the way in which 'a point, a line and a surface precede, in progressive order, the material object in which they exist actually'. Therefore, for Cusa, universals pre-exist particular instantiations in a relatively 'complicated' idiom of general inclusion that descends ultimately from the perfect divine *complicatio*. So Cusa here gives a mathematically-modelled variant of the Albertine *fluxus*, which, as we saw is somewhat echoed by Aquinas (and it may well be that he sustains an Albertine hybrid sense of what 'peripateticism' consists in)[31]. As we also saw, this theory belongs to an outlook adverse to the 'intensive' quantitative model, linked to the notion of discrete forms. Nicholas instead 'qualifies' his quantities, by thinking of, for example, a triangle as a determinate shape as only existing through the expression of an ineffable, and for our powers of conception, 'impossible' triangle.

A further difference from the Terminists is that for Cusanus individuality is paradoxically shown in its very inexhaustibility of development, as symbolised by the non-appearing infinity of, precisely, the *punctum*, that involves of necessity an endless re-relating and re-orientation towards other things in a dynamising of *proportio*. This does not tend in the direction of an equivocal randomness, just because explication is taken to be a 'conjectural' approximation to the full *complicatio* of realities in God, which contains not merely their exemplarity, but their actual completely realised truth before, above and beyond themselves in the *Logos*[32]. (But Aquinas had already affirmed in his own way this pre-containment)[33].

In all three cases of sustained (if recast) traditional metaphysical realism in Cusanus – of analogical *ordo*, real relation and universals – William of Ockham had suggested that the law of non-contradiction was infringed by saying that something that was something was also something it was not: a difference also an identity; a *relata* indefinable apart from its opposite *relatum;* a particular that, as particular, is also the presence of

30. *Doct. Ignor.*, II, 6, 124 (HDG, p. 79-80) and the whole of the chapter. See also *Conj.* II, 5, 95-97 (HDG, p. 92-94).

31. See A. de Libera, *Métaphysique*, *op. cit.*, p. 41-52 and p. 88-94.

32. *Doct. Ignor.*, II, 2, 7 (HDG, p. 7-8).

33. See J.-L. Marion, *Sur la théologie blanche de Descartes: Analogie, création des vérités éternelles et fondement*, Paris, P.U.F., 1981, p. 37.

universal form[34]. In consequence, therefore, there can, rationally, for Ockham, be no inherent *ordo* within reality, only a set of random or wilfully imposed linkages.

One can position Nicholas's most notorious innovation, the *coincidentia oppositorum*, against this background, by arguing that it concedes the Terminist case, while asserting the reality of the supra-rational phenomena which it denies. He is able to do so because he calls into question Ockham's intensively quantifying procedures, as inherited from earlier Franciscan thought[35], which assume an initial discreteness of forms and/or things, and in consequence reduce all change and emergent connectedness to a matter of measurable degree. For Nicholas argues that what had always been taken in western metaphysics as the very model of particularity – the paradigm of form and the lowest instance of quality – namely mathematical number or shape, itself cannot be ontologically construed merely in terms of intensive or remissional increase or decrease of an unproblematic *quantum*, but exhibits a paradoxical genesis from preceding to embodied essence, and really contradictory possibilities of mutation from form to form, as when the triangle only definable in infinite terms turns out thereby to be also an infinite point, line and circle – and so forth[36]. Mathematical figures therefore are universals, really related to each other and proportionally linked in an ineffable *ordo*, within a 'thin' ideal cosmos that we have equally contrived and encountered. A mystically radicalised analogy, involving a paradoxically simultaneous identity and difference, invades even mathematical *proportio* and so also the process of mathematical making – as with our imaginatively projective drawing out into irrepresentable sublimity of the infinite triangle that is also an infinite line. Equally, it permits Cusa to allow real relations also in mathematics, as with the curve only definable by its aspiration to straightness and also to allow universals, as with the drawn point that can only be a participation in the real immaterial *punctum*.

Given these mathematical examples of finite/infinite paradox, Cusanus is able to claim with cogency that the law of non-contradiction not only does not apply (in terms of the itself limited logic of our understanding)

34. William of Ockham, *Summa Logicae* I. 15, 5-6; 50 ; *Quodlibet* II. 4. resp; IV. 9; 16; 12; VI. 25; XIII. a.1; *Reportatio* III. q. 9. And see Kurt Flasch, *Philosophie medievale*, *op. cit.*, p. 106.

35. See A. A. Davenport, *Measure*, *op. cit.*, p. 307-364.

36. *Doct. Ignor.*, I, 13-16 (HDG, p. 25-32).

with respect to the negatively in-finite where there are no limits to be contradicted (as rationalism might just about be able to concede), but also at the aporetic margins of the finite which alone define it. Here the finite is always problematically involved with the infinite, since we can neither say that it is bounded nor that it is unbounded[37]. In consequence of this view, he applies the coincidence of opposites in a certain degree to the realm of participation, as well as to God's nature – in which case, he effectively and plausibly contends, it cannot be simple and yet eminently knowing of the finite unless the mutual exclusions of finite realities now no longer applies and yet the real identity of these realities somehow remains. But equally, if finite things have their true identity in a non self-coinciding unity with this simple exemplary source, then they really are what they are not, and this tension provides the dynamic for temporal, explicatory unfolding of the complication it can never fully manifest. It also ensures the *ordo* of the world as held together by paradox, such that every difference is supplying what is lacking in another identity *ad infinitum:* 'it is necessary that every spirit differ from every other spirit and that every body differ from every other body. However, there is no difference without agreement. Therefore it is necessary that every spirit both agree and differ from every other spirit'[38].

In a second respect also, nominalism is outplayed at its own game, since a greater advertence to the role of construction and signifying convention in our knowledge is construed as *most of all* securing its ineluctably assumed referential import and as undoing the Ockhamist duality of pure things and 'mere' signs. For in the mathematical realm we shape pure signs that are also immediately themselves cognised real entities: 'number, which is a being of reason fashioned by our power of comparative discrimination, necessarily presupposes unity as such a beginning of number that without this beginning number could not exist'[39]. Where Ockham therefore had reduced thinking to mental construction, Nicholas newly shows a 'convertibility' of making with knowing, in participatory imitation of the same coincidence in the Trinitarian generation of the *Verbum* from the Paternal source, which can be reversely seen as the perfect consummation of a mathematical sum repeated differently and yet identically and so

37. *Doct. Ignor.*, II, 1-2 (HDG, p. 65-68).
38. *Conj.*, II, 10, 122 (HDG, p. 117/Hopkins, p. 225).
39. *Doct. Ignor.*, I, 5, 14 (HDG, p. 13/Hopkins, p. 11).

processive of a further identical unity[40]. This imitation of divine generation is in some sense microcosmically 'perfect' in the case of Mathematics, but otherwise much more approximate and 'conjectural'.

As Nicholas puts it in the *Idiota de Mente:*

> Unless our mind were trinely one it could not understand anything (even as the Divine mind could not do so). For when the mind moves itself to understand, at first it premises something like a capacity-to-be-made [*factibilitas*] or matter. Thereto it unites something like a power-to make [*facere*] or form. And then, by means of something like a uniting of both, it understands[41].

That this strikingly modern incorporation of 'creativity' into all human thinking (which in this dialogue Cusa sees as a radical power to share in divine creation *ex nihilo* by originating new artefacts – here the comically epochal 'spoon')[42] still belongs (and with total coherence) to a 'medieval' horizon, is shown by the linkage to participation in the divine *Verbum* and the consequent turning of *factibilitias*, *facere* and *factum* into fully fledged transcendality, 'convertible' now with all of *cultural* (and so historical) as well as natural reality. It is also shown by the fact that Cusa goes on to say that, by the mind's relatively *material* grasp it makes *genera*, by its *formal* grasp *differentiae* and by its *combined* grasp *species* or individuals.

Thus, in contrast with Ockham, the radical intrusion of construction does not here entirely perturb the traditional order of the categories, but rather confirms their qualified place (with respect to an enhanced importance of particularity and relation) in terms of a parallel with the substantive divine genesis of the Trinity/Creation and the human mental – but also imaginative, sensory and physical – generation of its own less substantive cognitive orb which is also the cultural sphere. The truth of human, as it were 'externally constructive judgment' (as opposed to a sheerly *a priori* deduction that somehow 'correlates' with an empirical input, on the Kantian model)[43] is guaranteed by its participation now not just in the divine mind, but equally in the divine infinite 'linguistic' *ars*. And the truth of both the divine and the human mind is guaranteed not by

40. *Doct. Ignor.*, I. 8-10 (HDG, p. 17-21).

41. *Id. Ment.*, XI, 133 (HDG, p. 186/Hopkins, p. 574), and see also V (HDG, p. 121-131/Hopkins, p. 547-550).

42. *Id. Ment.*, II, 59 (HDG, p. 94/Hopkins, p. 537).

43. For the critique of this 'correlationsism' see Q. Meillassoux, *Après la Finitude*, *op. cit.*

willed imposition (in anticipation of Descartes) but rather by a kind of teleological lure of the beginning to the end and back to the beginning projected by the mediating *Verbum*, that in its very unanticipated and non pre-modelled primacy (according to the Augustinian-Thomist logic of substantive relations) also 'manifests' through true desire the very truth which it elaborates. Here the work of art (possibly in a proto 'mannerist' fashion) has become its own 'idea' – upon which it had previously always been thought to have been modelled in advance. That Cusa is able to think this merging of the product of art with its own idea within a 'medieval' horizon is perhaps the most crucial sign of his alternative modernity. For here the fact of human self-creation does not imply its autonomy in the face of the divine but the very reverse. As still (astonishingly) with Vico much later in the period of the early Enlightenment, the convertibility of *verum* with *factum* has not at all cancelled out its persisting convertibility with *ens*, *unum* and *bonum*, precisely because the older and the new transcendentals are mediated by the Trinitarian *Verbum*[44].

As we have already seen, Cusa's perspective here also concerns the relationship between image and sign. In the case of William of Ockham, these two had become sharply divided from each other. The traditional pictorial *icon* or emblem, and also the Augustinian *verbum mentis*, were inseparably both image and sign, since they were taken as signifying by participating in the original reality whose form had been causally communicated to them. Sign is image because of this transmission, but image is also sign because the participating thing *differs* from the participated and, in the case of human understanding, there is no possibility of comparing original with copy, because we rely upon the transmission of form as *species* for our entire knowledge of the original reality. But with William of Ockham image is divided from sign, because now we can enjoy an indefeasibly certain knowledge of basic impressions built up, not through any transmission of form, but by a literal intellectual mirroring of atomic

44. G. Vico, *De Antiquissima Italorum Sapientia ex latinae linguae originibus eruenda, Liber Primus, sive Metaphysicus*, I. 1. and *Prima Risposta*, dans *De la très ancienne philosophie des peuples italiques qu'on doit tirer des origines de la langue latine en trois livres*, trad. fr. G. Granel et G. Mailhos, Mauvezin, Trans-Europ-Repress, 1987. For Vico the older transcendental *Bonum*'s inherited link with the third person of the Trinity is now more explicitly dynamised and personalised. Vico also in this text applies this new complex of metaphysical notions to mathematics and, as with Cusa, under a strong Proclean influence. Later in his career of course, he went on to apply them (still with a sometimes manifest, sometimes hidden theological undergirding) to history – a development only latent in Cusanus.

sensory items, whether natural or cultural, from which we build up a unified picture. There is no need here for signs, nor for trust in signs. On the other hand, heuristically useful universal terms, of which language is so largely composed, consists in nothing but signs, without images. Since they are purely conventional, their universal aspect is but fictionally generalising and so they in no way participate in the realities which they conventionally convey to us[45].

In effect, Cusa responds to this not only with the manifest mathematical identity of *verum* with *factum*, but also by thinking through the consequence of the reality (recognised by both Plato and Aristotle) that mathematical entities are at once the most securely known things, the most abstractly known things and also those things whose quantifying most enters into any act of reasoning whatsoever. The abstract security of mathematical knowledge might tend to suggest the reality after all of universals, but this affirmation can be buttressed by the fact that any inscribed or imagined mathematical particular must be related to a universal in order to be known at all.

And much more radically Nicholas suggests that the unavoidability of *mathesis*, as an *admittedly human work and in one sense a human fiction*, implies that there is no original passive 'given' intuitive knowledge whatsoever, but that all our awareness is always already filtered through a 'little world' that the human mind has *conjectured* or *speculated*. In this instance he not only reverses the implications of nominalist assumptions but also radicalises them: not merely is our manipulation of the sensory empirical, evidence constructed, even the most apparently basic information is but made/conjectured by us within a holistic picture. Therefore the nominalist reduction to the bare minimum and non-contradictory foundations does not work – not only because there are real contradictions, but also because there are no given foundations[46].

45. On Ockham, see P. Alféri, *Guillaume d'Ockham. Le Singulier*, Paris, Éditions de Minuit, 1989.

46. This can relate Cusa's thought to the perspectives of 'post-analytic' philosophers like J. McDowell (*Mind and World*, Cambridge Mass., Harvard University Press, 1996) who regards any notion of an epistemological 'given' as a myth, and G. Priest (*Beyond the Limits of Thought*, Cambridge, CUP, 1995) who has argued for real contradiction, and often in relation to mathematical paradoxes of the infinite. He explicitly discusses Cusa. It is tempting to see Nicholas's 'post nominalism' in parallel to both the 'post analytic' and the 'post phenomenological'. In the modern case also the supercession only avoids scepticism by a re-embrace of metaphysical realism.

For this reason every fact that we invoke through a manifest image is also only reached through the conjectural offering of a sign. Thus if – on the mathematical model – universal signs must be tied back to imaged particulars, then equally particular images are inseparable from universalising signs. Or, one might say, from the mathematical non-foundations onwards, 'phenomenology' and 'semiotics' are always in mutual excess of each other.

III

This is why, in the *De Coniecturis*, Cusa claims that we always think in terms of *diagrams*, of which geometry can be taken as the most abstract model. In this way he makes a much more drastic assertion than the Terminists about the dependency of our thought upon the symbolic, and yet he does so in a way that reworks an older realism by putting particular knowledge on the same 'fictive' level as universal understanding. Of course this opens up a prospect of radical anti-foundationalism and radical scepticism – and Nicholas perhaps fully escapes this only by putting the conclusions of reason now in more radical continuity with those of faith. But with a matching boldness fideism is avoided, because he sees acts of belief as also artistic, 'conjecturing' acts. In a sense Nicholas is rendering the artisanal (which he explicitly associates with apparently 'baser' northern humanity) the shared factor between faith and reason, albeit with qualitative hierarchic distinctions in contrast to the Franciscan virtual levelling. For as we have already seen, he regards 'makeability' as the criterion for theoretical understanding, thereby reversing, as we also saw, the inherited assumption that the only criterion for the possibility of making something was previously to have understood it with theoretical adequacy.

This point can lead naturally to the question of whether Nicholas is only pursuing a daring rhetorical strategy in trying to show that even mathematics must be read in terms of participation. I think that the answer is certainly no, and that his belief in the shared primacy of *mathesis* with *methexis* is genuine on other grounds. For one thing, he clearly shares the contemporary obsession with perspective, though he construes this, not in the Franciscan terms of Giotto or Ockham and then Leon Battista Alberti as an artificial device for reproducing the supposedly atomised work of the senses in order to produce a pictorial 'reality effect', but rather in the mystical terms of Fra Angelico (or, arguably Piero della Francesca)[47] as implying both the geometric partiality of every sight and also the mysterious intrusion of infinity as a 'vanishing point' in every perspective. Thus, as for those artists, perspective for Cusa is always eventually of the finite upon the infinite.

Equally, as Johannes Hoff has argued, he inverts the Alberti-derived implications of perspective in the manner of Flemish artists like Jacob van Eyck[48]. Just because of its relativity, there can be no privileged commanding perspectival gaze on any scene or image, and one can so construct a painting, even in a post-perspectival manner (as does van Eyck) such that it can be equally and variously appreciated from an endless variety of standpoints.

Thus for this pictorial idiom, the watched is always equally watching and situating us, by virtue of its endless possible aspects which we can never encompass or 'sum up' as a finished whole[49]. Yet at the same time, just this circumstance which gives a hierarchical priority to the object viewed (as against the elite privileged humanism of the ideal rightly-positioned gazer, the connoisseur) also grants a democratic invitation to a variety of equally valid perceptions that appear on the part of the many within the image's purview. Thus the *De Visione Dei* concerns an 'icon of God' that appeared to all the monks watching it to be directly gazing at them, whatever vantage they might have taken up. So all were judged, but all were variously included. Naturally Cusa regards this icon as an image of our perspective on God himself, which is most truly our multiple situation in his infinite perspective. And in this manner the two critiques of a merely 'humanist' perspective become one[50].

47. Piero's theory and practice can certainly be seen as all too deludedly rationalist insofar as it suggests the 'objectivity' of the single gaze into an infinite vanishing point. But insofar as God or divine representatives occupy or emerge from this point in his pictures, the apparently objective gaze is thereby automatically relativised, while equally and inversely its degree of realism only holds *as* an angle upon the ultimately but infinitely real. His case therefore is more ambivalent than that of Giotto who would seem to deploy perspective in the interests of a this-worldly realism in order to portray the full humanity of Christ and his effects in this world. But insofar as such an approach loses the theophanic dimension more apparent in Dominican art, it seems allied to the quasi-Nestorianism of Franciscan theology adverted to in section I.

48. See J. Hoff, *The Analogical Turn*, *op. cit.*, *passim*.

49. There are clear analogues to the insights of Husserl and Merleau-Ponty here.

50. For all the above see the *De Visione Dei*.

This truth provides a clue to a second way in which Cusa sees mathematics as paradigmatic. Properly considered it sustains just this perspectival balance and prevents a slide into either infinitism or finitism. For if the Renaissance was newly obsessed with the mathematical, then this was surely for complex, almost divergent reasons: on the one hand extensive quantity goes with a sense of the unique particular (2 can never be 3 nor 3, 4 etc); on the other hand it goes with an enhanced sense of the relationality of everything and the way this can be artificially shifted, just as there is a new awareness of the possibilities of *augmentation* in every sense.

One might say, to simplify, that there was an equally accentuated new awareness of both the cardinal and the ordinal, and it is in his sharing this awareness that we can see how Cusa's re-articulation of a participatory account of the ontology of shape and number is not simply an act of radically innovative defence and restoration (though it *is* that, as we have seen), but also a new deployment of the quantitative dimension (but still construed as the lowest degree of the qualitative) in order to stress both the variously particular and the dynamic possibilities of alteration – yet not as discrete pure form, nor as an accompanying mere univocal shift in degree of intensity. Rather, as the fluid incarnation of shape only in substance and yet in a mode of individual being that can overtake the merely general in its ontological import (perhaps in analogy to the Thomistic excess of being over essence) and in terms of transformations of shape that are truly metamorphoses by virtue of a passage through the medium of the fully actual and transcendent, not merely intensive infinite.

By emphasising both the particular and the mutable in their *relational* connection that sustains them still within an *ordo*, Nicholas sustains a balance between the rootedly finite and the *élan* towards the infinite. Moroever, in the wake of Proclus, a theurgic neoplatonic legacy *insisted* upon the 'ritual' of the drawn and problematic, along with the moving, phoronomic aspect of geometry taken from the stoics and adopted by Augustine[51]. For if one takes 'unity' to be an ineffable idea, and also assumes that the soul is tied to the body (after both Proclus and Christian tradition), then our *only* access to it must lie through a symbol, a diagram or a number. Cusa is thus *not at all* an ancestor of the algebraicisation of geometry and arithmetic that occurs with Vieta, Descartes and others, which ultimately lies within the Franciscan lineage of 'spiritualising

51. See again, the *De Quantitatae Animae*.

history' by reducing *both* the spiritual *and* the material to a manipulable virtual middle sphere[52].

Equally, the latter 'mathematical apostasy' loses the previously qualitative dimension of the quantitative by obliterating the Greek intentional distinction beween geometric magnitude and arithmetic multitude; rendering fractions and negations as much 'real numbers' on the number line as positive integers and substituting zero for One (with Vieta) as the principle of number. This final break with the Pythagorean/Platonic legacy concerning shape and number implied either a merging of the mathematical with the physical (as with Descartes, who for all his physical fictions thereby surely provided the ultimate horizon of modern-scientific striving?) or the reduction of all mathematics to algebraic convention as the nominal mediator (as also with Descartes). Once these shifts had occurred, the primordial mathematical mediation between the physical and the theological (as described by Boethius and others), which in the Middle Ages undergirded the ascent through the order of learning from the *trivium* to do with words and things, through the *quadrivium* to do with number, to the study of divine realities, had been lost, so potentially leaving all human study and human culture within a purely secular enclosure of qualitatively-drained quantification.

All these shifts are naturally absent in Nicholas, for all his anticipations of a mathematical reckoning with the infinite. In effect, he still suggests to us a *different* ontology and rationale for the calculus, the transfinite etc and one which does not seek to deny mathematical realism in the name of its equal constructedness and the apparently aporetic character of its real manifestation[53]. In this manner he still presents to us today the possibility of a mathematics maintaining its mediating role between the physical and

52. See J. Klein, *Greek Mathematical Thought and the Origin of Algebra*, New York, Dover, 1968; D. Lachtermam, *The Ethics of Geometry: a Genealogy of Modernity*, London, Routledge, 1989; D. Nikulin, *Matter, Imagination and Geometry: Ontology, natural philosophy and mathematics in Plotinus, Proclus and Descartes*, London, Ashgate, 2002. One can note that at the same time as the Calvinist Vieta, rejecting partly for theological reasons the Greek *ordo* of number in favour of a supposedly more ancient oriental wisdom, which he believed closer to that of the Bible, algebracised number, so his friend the Huguenot Petrus Ramus, turned letter into number through his new logical calculus or *mathesis*. A kind of ultimate nominalist double gesture which fulfils respectively its 'quantifying' as well as purely 'signifying' drives is surely at work here.

53. See J. Hoff, *Kontingenz*, *op. cit.*, p. 60-70, 100-113, 301-309.

the metaphysical/theological, while yet doing a 'modern' justice to the transfinite, the conventional and the aspectual.

And it can also be noted here that it is Nicholas and not post-Vietian mathematics – which reduces it either to empirical abstraction, *a priori* deduction, or an arbitrary rule-following game – who *truly* keeps faith with mathematics as an act of *external and physical* as well as spiritual construction, on the model of geometry. In this respect he brings to a climax something latent in the Platonic intention of the mathematical, as explained by Jacob Klein. For the Greeks the *arithmos* was always a practical counting of *something*, and it is in part *for the reason* of this pragmatic aspect that Plato takes the fact that numbers can reflexively count themselves to be an indication of the ontological reality of number as such[54].

On the other hand, besides their drawn, or measured, relatively 'cardinal' fixity, Cusanus is equally interested in the ordinality of number and shape as a paradigm of mysteriously ordered transformability to which we can assign no *a priori* limit. Not only is nothing finite 'equal' to any other finite thing, it is never in fact equal to itself, because a substance is like a line that can only be grasped as either advancing towards or receding from an ideal lineness. Thus while a substance, a genus or a species always remains what it is, in any specific instance it also always sustains its nature in a series of inherently unstable degrees.

So one could well say that Nicholas effectively counters the longterm spiritual Franciscan legacy with a seemingly more natural combination of intensified interest both in the human future, and in natural and human construction – an interest that is non-utopian because the very enterprise of technical conjecture is for him grounded in an admission of our hopeless ignorance, rendering all our artefacting child's play rather than Promethean vaunting. While this has the tone of a prematurely chastened modernity, the combination is also allowed in Cusa precisely because of his entirely Christocentric and incarnational focus.

It is here that there is just the beginning (as much more with Vico later) of a transit from a mathematical to a historical focus. Mathematics is for him, like history itself in its aspect as continuous *ars* a human product, even though it conveys a sliver of transcendent truth. So if Cusa's mystical numerology is often arbitrary, then that may be deliberate, a sign that all human conjecturing is fundamentally ludic. A seeming constructivism is

54. J. Klein, *Greek Mathematical Thought*, *op. cit.*, p. 17-25.

salvaged for realism because his proferring of symbols represents a kind of random liturgy which he offers as if, as Johannes Hoff has argued, he were denying the Terminist disenchantment of the world precisely by picking on 'any old object', especially those from the new urban civilisation, and travelling from there to the vision of the eternal Trinity[55]. These liturgical offerings assume, as we have already seen, the metaphysical framework of a Christian and neoplatonic theurgy in which the descent of the divine confirms the participation of what is 'makeable' by us in the infinite 'makeability' of the divine *ars* or second person of the Trinity. In such a fashion our speculative throws continually become lucky strikes.

This Proclean or Dionysian emphasis on divine descent into the cosmic to match our vertical and horizontal advance to the spiritual, and on divine creative donation as both requiring and establishing a creaturely response of reception, gratitude and liturgical praise[56], is radicalised by Cusa's representation of this descent *not* simply as the 'fanning out' of the One into the Many, but rather as the kenotically condescending concentration of Trinitarian 'complicated diversity' into the density of the dark point of matter. Thus in a diagram in the *De Coniecturis*, an upright pyramid represents a contemplative ascent of humans; but an inverted pyramid represents a reverse emanative return of God to himself, the simple One, as represented (in the possible wake of both Proclus and Albert)[57] by matter, which, unlike the finite intellect, is not contaminated by the non-simplicity of doubling reflection[58]. It is just this theurgic perspective which permits Nicholas to develop his pan-sacramentality and a dynamic account of material potentiality. The latter consists in primal 'elements' from which all of created reality unfolds in time, thereby explicating a single unity of the creation which is the entire finite work of God, yet aporetically unable to be bounded by anything save the divine infinitude itself. Thus each single explicated created reality images not only God but also the universe which it contracts in a particular, unique respect.

Yet this scheme is also specifically Christian in the way that it adds to vertical participation a horizontal participation of the temporal process in the generation and spiration of the Divine Trinity. It is this addition of

55. J. Hoff, *The Analogical Turn*, *op. cit.*, *passim*.

56. For the possibly Albertine background to this in Cusa, see A. de Libera, *Métaphysique*, *op. cit.*, p. 178-189.

57. Proclus, *Elements of Theology* 59; Albert, *Super Ethica* 1.5.29.

58. *Conj.*, I, 9-10 (HDG, p. 42-54).

history to metaphysics and yet inclusion of history within participation that extends Cusa's symbolic perspective into, as Johannes Hoff puts it, an 'allegorical' one of specifically temporal fulfilment. For while the universe 'explicates' or 'unfolds' the divine complication or 'infolding', the growth of things in time is also, as I have just explained, an unfolding of a matching complication of things in matter, or in the primal 'elements' (the inaccessible divine numbers) which are Cusa's variant of the Augustinian *rationes seminales* or the Maximian *logoi*. Here Nicholas ventures both a kind of vitalism and a kind of panpsychism. Everything exists through and through as 'gift' because no receptacle precedes the act of creation. And as gift which both copies and shares in the divine act of giving by trying fully to be this gift that it is, it also exists by trying to be itself as much as possible, and this is equivalent to an attempt to *know* God on the part of each and every existing reality. By the same token, the 'beginning' of the world *is* this donation and thus 'contractedly the beginninglessness of the world was received with a beginning'[59]. It is just for this reason that in Cusa the cosmos as part of the Creation is not 'finite' and yet not simply infinite either – it is one might now say 'transfinite' (in a manner previously foreshadowed by Robert Grossesteste, long before 'the Renaissance') insofar as it can cannot have a boundary and yet is endlessly rebounded.

Throughout its transfinite self-explication the horizontal vital process tries to sustain itself through a development of representation by going from infolded seed back to infolded seed (in keeping with the Aristotelian, Averroist and Thomistic principle that finality is more at work in every cause than the next formal instance), but this is only possible because it participates in a vertical process that seeks to go from fully grown reality, like a tree, to a further fully-grown reality[60]. In a particularly drastic *coincidentia oppositorum* the horizontal *explicatio* that is 'tree' is regarded as an attempt to return, by natural art, to the divine simple *complicatio*, while inversely the divine descent into 'treeness' is always a reaching down from God's complicated diversity towards the simplicity of the seed which is the principle of creative growth within the creation.

One can see here how for Nicholas a vital nature is in continuity with human cultural creativity: the return to the divine simplicity is simultaneously a creative move *away* from material simplicity into the explication of the grown tree or the constructed artefact. In this manner the

59. *Dat. Pat.*, III, 106 (HDG, p. 78/Hopkins, p. 379) and see the whole short work.
60. *Conj.*, I, 10 (HDG, p. 47-54).

dilation of the heart upwards is no longer (for Nicholas's humanism) in a zero-sum competition with the dilation of the heart outwards to the cosmos and forward to the earthly future. And in this way he has restored materiality to the future, against any inherited undercurrent of Joachite influence.

Furthermore, the fact that each created gift exists by trying 'to know' or 'to conjecture' reveals that, in the end for Cusa conjecturing and participation are almost one and the same thing. To participate in God is to seek to understand him, while to seek to understand anything, including the process of participation itself, is to share in that thing, become that thing imperfectly, through a kind of theatrical performance of that thing otherwise, in and out of oneself. This can only be a valid knowledge if a true and ultimately occult *proportio* is arrived at and sustained. In fact to know anything is ritually to copy it in an act of liturgical praise.

Nicholas then offers us a *mathesis* drawn back into *methexis* that is also a newly mathematicised participation, respecting in a novel way specificity, perspective, dynamic transformation and creative power. But his *schema* is more dialectically persuasive than demonstrable – though it can rhetorically be supported by a demonstration that keeps in play without implausible or regrettable sacrifice all the essentially apparent or desirable horizons of our experience – the sense of beauty in order, of the truth in creative upshots, of the need to aspire both beyond this world and to its better future. But in the end acceptance of this ontology requires an act of faith – and especially because the grounding of the finite indefinition in simply infinite participated certainty, and the convertibility of making and truth is linked to Christian belief in creation *ex nihilo* and the Trinitarian God. But just how does the revealed Trinitarian and Incarnate God provide the ground for such an account of the real?

IV

In the case of the Trinity, Cusanus seeks to link this doctrine strongly to *apophasis*. God neither exists nor does not exist, nor does he both exist and not exist. As such, beyond negation and even the dialectical negation of negation he is the *maximum*, the 'most' that can be thought which, as infinite, must coincide with the *minimum*, with a vanishing point that is the deep ground for the divine kenotic descent into the material world[61]. But the *minimum* as active potential is also associated by Cusa with God the Father and the *maximum* with God the Son. Because he rejects the Franciscan positive infinite, he cites and sustains Eckhart's paradox that the infinite as 'indistinct' is also something distinct from everything else which is finitely definite, and so in this sense itself delimited and 'distinguished' precisely as indistinct after all[62].

He effectively resolves the consquent *aporia* of an undistinguished distinguished by its very indistinction at the outset of *De Docta Ignorantia* by saying that infinitude repeats itself once, and identically[63]. Thus he would seem to apply Hegel, Kierkegaard and Péguy's later insight that nothing is there once unless it is already there twice, even to the infinite[64]. Since the latter has no defining bound, it must define *itself*: this cannot however (one can interpolate) be a reflective act, since that would involve a non-simple doubling – it must therefore be an original, substantively relational repetition within, though not of the divine essence (which would render the infinite essence 'prior', as dubiously for Olivi and Scotus, who were in danger of speaking of a 'produced essence')[65], which establishes the divine essence as absolutely one precisely because this repetition alone, as infinite, is an entirely identical repetition, and so alone is established as something definite and equal to itself. And in this repetition of infinity which 'defines' it, for Cusa as for Eckhart (and also Aquinas) is included eminently all the 'definiteness' of the created outgoing as it is received by creatures. The repetition embodies, though is also in excess of (as Cusa indicates in *De Coniecturis*), what must from our finite perspective be construed as the inclusion of opposites (since this perfect coincidence is also – again from our cognitive perspective – pure identity, and so in a sense the *only* point of affirmation of the law of excluded middle)[66]. This divine self-recognition of unity attained through repetition is also only

61. *Conj.*, I, 5 (HDG, p. 21-28).

62. See K. Flasch, *Introduction*, *op. cit.*, p. 213.

63. *Doct. Ignor.*, I, 8-10 (HDG, p. 17-21).

64. See C. Pickstock, *Repetition and Identity*, Oxford, OUP, 2013, especially the discussion of this passage of Cusa in her final chapter, p. 193-197.

65. See A. A. Davenport, *Measure*, *op. cit.*, p. 240-306.

66. *Conj.*, I, 5-6 (HDG, p. 21-33). On the importance of not supposing, in an 'Hegelian manner', that Cusa thinks we can 'literally' predicate the union of opposites of the infinite, see J. Hoff, *Kontingenz*, *op. cit.*, p. 254-260.

made through the act of love of the Holy Spirit as spirating bond, which is therefore an act of impelled *eros* rather than pure willing assertion.

It is in this equal repetition and the loving unity of this filial judgement with the origin that all finite things participate through lived conjecture.

However, a second *aporia* arises with respect to the privative infinity of the world – how, one might ask, if the world is, in an albeit problematic sense, infinite in its own right, is it not locked into its own pantheism, into its own self-worth which non-sacramentally and fatalistically equalises the good with the bad? How, on the other hand, if its infinite *élan* can reach God does it not become identical with God, in self-abandonment of its own independent value?

Cusa notably affirms the latter by saying that everything paradoxically participates in the very God who cannot be participated (since he is as principle replete and unshareable) – a radically generous God who nonetheless *cannot* give limitation, since it is wholly alien to him and he can only (as originally for Avicenna) give himself as one[67]. Yet limitation does not come from a material ground outside of God's creative act. Given both these affirmations, one has to conclude that limitation is wholly from God the one source of everything, yet also in a mysterious and 'impossible' way not from God and only proper to the created thing itself. Somehow this 'independence from God' entirely derives from God as *given* by him as the only possible ground of reception of him, and so of the possibility of his external donation at all. This can be seen as a radical extension of the Albertine paradoxical *topos* of donated spontaneous emergence form below, as already described. Thus to be through and through gift without preceding ground, and through and through image without any preceding reflective surface or mirror, turns out bizarrely to be the most irreducibly self-generated or self-given finite reality that is imaginable. According to this paradox, dependency alone springs up solely from beneath – to receive is equivalent to praising the giver, and this praise in turn to existence itself, and yet this very ground of reception is initiated in one sense (as the very constitution of the level of secondary causality, with its own ineliminable integrity) wholly by the recipient.

But how does Cusa really preserve this finite integrity without denying radical dependence? The answer is that he only 'solves' this *aporia* in a symbolically satisfying sense by invoking the role of Christ. The uncertain status of finite infinites would seem, as already said, to raise the spectre of

67. *Conj.*, I, 11 (HDG, p. 55-61).

'transfinites', of perfectly infinite and yet delimited aspects of reality. And indeed, Nicholas appears to offer Christ, the unique *maximum contractum*, as a kind of mediating transfinite[68]. But he is alone and uniquely representative because only humanity is a unifying microcosm, and only a single human man could exemplify human perfection – while only a human woman, his mother Mary, could reach the maximum height of material active potential, something that is here, as elsewhere, only activated for Cusa (in consistency with Aristotle, Averroes, Albert and Aquinas) as *virtus* when potential matter is combined with activating form[69]. This representation is achieved, however, not simply through Christ's divine-human infinitude, but rather through the fact that his 'transfinite' divinely human perfection exactly coincides *hypostatically* – that is to say, in terms of 'personality' or 'character' – with the second person of the Trinity and so with the divine nature.

In Christ alone the very independence of the creature is fully manifest in its dependence on God because here it entirely coincides with the divine essence through personal union. Here the created reception of the gift of the Father is entirely at one with the Son's eternal reception of the same gift. By this token alone the creaturely independence is fully protected from any shadow of illusion that might otherwise hover over it. Thus our created reality is now, through the body of Christ as very much the *totus Christus* (in the Augustinian and Albertine tradition which secures against any Joachite spiritual overtaking of the future beyond the body), a participation in the *maximum contractum* as well as in the maximum. And in this way we are equally guarded against a lapse either into a lonely and lost immanentism, or into a 'catharist' despair, tending to acosmism.

Therefore without the wholly contingent descent of the infinite into a human nature thereby rendered perfectly and 'maximally' transfinite, Cusa's unfounded metaphysical conjecture would remain unprotected against scepticism. As we have seen, like Vico later, he offers us a new Trinitarian metaphysics extended from a mathematical paradigm to the idea that the natural and human making of history participates in the divine art and the divine bond and gift of love. Nevertheless, this metaphysics of play entirely depends upon its assumed outplaying by the descent of the

68. *Doct. Ignor.*, III, 1-10 (HDG, p. 119-151).
69. See J. Hoff, *Kontingenz, op. cit.*, p. 360-378.

Son into time and his infusion of his maximal conjecturing power into the sacramental and theophanic body of the Church[70].

For just as the entirety of the universe is the object of the divine creation, achieving a maximum finite beauty as the cosmic body of Christ, while creatures refract that unity in diverse particular ways and in diverse degrees, so also for Cusanus the Church as a whole, as the body of Christ, attains a maximum unity with God, which is refracted in its members in diverse hierarchical degrees of attainment of faith and sanctity, which scale also extends for him to members of other faiths. In this way the Church, generously understood, is for Nicholas in effect the one reliable human conjecture, uniting in its Christic focus what is true in the partial conjectures of all human cultures and religions. It is within its cosmically liturgical work that the work of reason is also to be finitely yet infinitely located.

70. *Doct. Ignor.*, III, 12 (HDG, p. 157-163; *De Concordantia Catholica, passim.*

INDEX NOMINUM

AUTEURS ANCIENS ET MÉDIÉVAUX

AUTEURS MODERNES

LISTE DES CONTRIBUTEURS

Jean-Michel COUNET
Université catholique de Louvain, Belgique

Vincent GIRAUD
Université de Kyoto, Japon

Jean-Claude LAGARRIGUE
Université de Lorraine,
Équipe de Recherche sur les Mystiques Rhénans (Metz)

John MILBANK
University of Nottingham, U.K.

Isabelle MOULIN
Faculté Notre-Dame de Paris, Collège des Bernardins
Institut d'Études Médiévales de l'Institut Catholique de Paris

Simon OLIVER
Durham University, U.K.

Hervé PASQUA
Université de Nice Sophia Antipolis

Christian TROTTMANN
CNRS
Université de Tours, CESR

TABLE DES MATIÈRES